「かみ」は出会って発展する

神道ではない日本の「かみ」史・古代中世編

加藤みち子 著

北樹出版

はじめに

本書は、大学の講義用の原稿に加筆訂正を加えたものです。ですから日本の「かみ」について知りたい初学者用の概説書でもありますが、一般の日本の「かみ」について詳しく知りたい人にとっても入門書の役割を果たすものになるようにと考えてまとめました。

神道についての概説書や入門書は本書の他にもたくさんあると思いますが、それらの概説書や入門書を読んでも、わかりにくいことがあるのではないかと思います。それは、「日本のかみさまは、自然をあがめる自然崇拝だとか、ご先祖様をまつる氏神崇拝だと聞くけれど、天皇や国家神道と自然崇拝などの素朴な信仰との関係がよくわからない」あるいは、「学校で神仏習合とか伊勢神道とかいろいろ習ったけれど、それと自然崇拝や日本神話などとの関係がよくわからない」「天皇とか神仏習合とかどうでもいいけど、近所の神社にお参りしたり、地鎮祭をやったりすることは大切だと思う。それが神道ではないのだろうか」というようなことです。あるいは、少し日本の思想史などをかじった人は、「中世には山王神道、伊勢神道などの神道の理論ができたということを習ったけれど、しかしそれらと現代、身近にある「神社」への参拝や「おまつり」がぜんぜんつながらないし、結局よくわからない」と思われた人もいるかもしれません。かくいう筆者も、日本の思想を勉強し始めた当初は、そうしたことがなかなかピンと来ず、隔靴掻痒《かっかそうよう》たる思いをしたものです。本書は日本の「かみ」について知りたいと思ってはいるけれども、前記のような思いをしている初学者のために書きました。

本書の特色は、日本の「かみ」は、いろいろな思想との出会いや、政治的・経済的状況などにより、変容発展するという見方を維持することです。このような見方は、従来の神道や日本の神祇信仰についての著作にはみられなかったものであり、また、歴史を記述する方法論としても、新しい観点だと考えます。

本書は、おおむね五つの部分に分かれています。〈I　旅立ちの前に〉の部分には、第一章と第二章が含まれます。「かみ」の発展段階を追う前に、日本の「かみ」の特色と「まつり」など、基礎的な概念を説明します。〈II　仏教と出会って発展する「かみ」〉の部分には第三章から第五章までが含まれます。ここでは苦しむ衆生から修行する「かみ」を経て仏になる「かみ」までの発展を述べていきます。〈III　神職の言説の中で発展する「かみ」〉には第六章から第八章が含まれます。「皇」の字を欲しがる「かみ」が、記紀のパンテオンを乗り越えて根源神になり、普遍神へと発展するまでを述べていきます。〈IV　人と出会って発展する「かみ」〉には第九章と第十章が含まれます。人の「たま」が「かみ」としてまつられる御霊信仰と、「心」になる「かみ」について述べていきます。最後に〈V　エピローグ〉は第十一章で、「心」になった「かみ」に人がどう出会うかを述べます。

本書では、神道とか神仏習合、伊勢神道といった既存概念は基本的に使いません。なぜなら後代の学者がつくったといわれる神仏習合や神道という概念を使って説明してしまうと、そういうものが確固たるものとして存在していたかのようにみえてしまうからです。本書ではそういう後代の学者の視点ではなく、「かみ」が、古代から中世の「かみ」をめぐる言説や思惟に出会って、どのように変容発展するか、という視点で論じていきます。このような視点でみていくと、おそらく最も原初的な、自然を神格化した「かみ」というものと、神話とか天皇とか仏教といったことがらとの関係が分かりやすくなるのではないかと考えたからです。

本書では、具体例として八幡神《はちまん》やトヨウケノオオカミ、アマテラスオオミカミなどの特定の「かみ」に焦点を当ててみていきます。なぜなら、多数の「かみ」のすべてに言及することはできないからです。しかし、本書で述べるような変容や発展は、特定の「かみ」のみにおこった特殊な出来事ではありません。八百万《やおよろず》と呼ばれる他の多くの「かみがみ」も仏教と出会ったり、律令の神祇制度と出会ったり、さまざまなことと「出会って発展していく」ということも念のため申し上げておきたいと思います。

また本書では、古代から中世までに絞って述べますが、八幡神やトヨウケノオオカミなども含めて「かみ」の変容発展は、近世・近代そして現代にも続いていくもの、という立場をとっています。たとえば八幡神は地方の海の「かみ」から応神天皇になり源氏の氏神・武士の守護神になったと本書の中でご紹介しますが、全国各地でまつられている八幡宮に現代の人がお参りするとき、それは海の「かみ」に対するものとも、応神天皇に対するものとも、武士の守護神に対するものともいえないのではないでしょうか。現代人たる私たちにとっての八幡神は、古代中世に崇拝されていた、そのままの八幡神ではないのです。そして現状にもとどまらず、未来に向かってさらに変容発展していくものと考えられるのです。つまり「かみ」は「発展するもの」なのです。

今後、これまでは注目されたことのない、ほとんど名も知られていない「かみ」が、新しい時代の「かみ」として多くの人の崇拝を受けるようになるかもしれません。この日本の未来において。しかしそれでも日本の「かみ」の根本のところは大いなる自然への畏れということです。近年世界的に注目されているのはむしろそうした部分ではないかと思います。つまり「大いなる自然の生命力」という特色を強調するのが、次なる「発展」なのかもしれません。

近世・近代そして現代への発展については、本書の続編を企画しておりますのでそちらをお読みいただければと思いますが、まずは本書で「かみ」の「発展」という視点でご一緒に考えていただき、「かみ」について知りたい、けれどもよくわからないというあなたのご参考になればはなはだ幸いです。

加藤みち子

目次

I

旅立ちの前に

第一章　日本の「かみ」とは？　――十の特色

本章と第二章では、日本の「かみ」について考えるための基本、「かみ」と「まつり」について考えていきます。まず本章では日本の「かみ」が鎮守《ちんじゅ》、氏神《うじがみ》、産土《うぶすな》として私たちの身近にあるということ、それから、「かみ」は基本的には人智を超えた大いなる自然のはたらきでありますが、それだけではなく草木や鳥獣なども入るという枠組みを述べます。そして日本の「かみ」を特徴付ける十の特色について、説明していきます。

1　「村の鎮守のかみさまの～♪♪♪」

読者の皆さんは「村の鎮守のかみさまの」で始まる「村祭」という歌をご存知でしょうか。この曲は私が小学生のころには音楽の教科書に載っておりまして、誰でも知っている曲でした。しかし今は載っていません。この曲が音楽の教科書からはずされたのは一九七七年ごろのことですが、その理由の一つは、多くの人にとって「村の鎮守」が何であるかが分からなくなってしまったからだということです。しかしそれは逆に私の小学生のころまでは少なくとも常識であったということになります。

ちなみに読者の皆さんは「村の鎮守のかみさま」とは何だか分かるでしょうか。また「村祭」に

図 1-1　村祭　（文部省唱歌）

参加したことがあるでしょうか。私が子どものころには、「かみ」さまといえば家の近所の神社にまつられている鎮守さまか氏神さまか産土さまを連想するのが普通であり、アマテラスオオミカミとかイザナギノミコトというような名前を「かみ」として認識したのは高校生以上になってからのように思います。

私が近年首都圏のいくつかの大学の講義でアンケートをとったところ氏神さまは聞いたことがある、という人が三〇パーセントくらいはいるようです。鎮守さまはやや少ない一〇～二〇パーセントくらいですがいないことはありません。しかし産土さまはほとんどないというケースが多いようです。そこで、日本の「かみ」について考える導入として、身近な神社にまつられている（あるいはいた）「かみ」を呼ぶこれらの呼称の説明から始めていきたいと思い

ます。

鎮守さまは、「しずめ（鎮）・まもる（守）」というその言葉どおり、村、領地、荘園などの一定の土地に居住する人と共同体を守ってくれる存在のことです。地主神という場合もあります。これに対して氏神さまというのは、古代社会で「氏」を名乗る親族集団がまつっていた「かみ」であって、同時にその氏族の祖にあたるとされる「かみ」です。皆さんも天皇の先祖が伊勢神宮にまつられているアマテラスオオミカミだ、という話を聞いたことがあるかもしれませんが、実は天皇家だけではありません。日本古来の氏族には、皆、先祖にあたる氏神がいるのです。たとえば中臣（藤原）一族の氏神は春日大社などにまつられているアメノコヤネノミコトになります。鎮守さまが土地との結び付きの強い地縁系の「かみ」とすれば、氏神さまはいわば血縁系の「かみ」ということになります。さて、そうすると産土さまとは何でしょうか。文字どおり「生まれた土地」に由来する「かみ」です。本人および先祖の発祥地の「かみ」という意味です。土地とかかわりますので鎮守の意味もありますし、その土地から生まれた氏族を守る点では氏神というニュアンスもあります。

とはいえ、読者の皆さんには産土さまが一番わかりにくいかと思いますので、皆さんのよく知っている古典を例にあげて説明しておきましょう。『平家物語』の中に弓の名人、那須与一の話が出てくるのは誰でもご存知ではないかと思うのですが、那須与一が扇の的を射る前に、その矢が無事に当たるようにと「かみ」に祈るシーンを覚えているでしょうか。「南無八幡大菩薩、……那須の湯泉大明神！」そしてみごとに矢を射当てるわけですが、ここで八幡大菩薩というのは源氏の氏神で軍神ですから、源氏の戦人《いくさびと》である与一が「南無八幡」と祈るわけです。さてこの最後に出てくる那須の湯泉大明神は、那須湯本温泉にある湯泉神社にまつられている「かみ」で、これが与一の産土さまなのです。那須与一の氏神が那須湯泉大明神であるのはご理解いただけると思いますが、那須湯泉大明神が鎮座しているのはまさに、与一の一族の生まれ故郷の「那須」の地なのです。那須に生まれた与一は那須湯泉大明神の加護を生涯受けるのです。このように昔は鎮守＝氏神、つまり産土であるケースが多々あったのです。

昔は多くの人が先祖代々同じ土地に住み、生まれた土地に死ぬまで住んでいたわけですから、鎮守と氏神の性格を同時に持つ産土になることが多かったと考えられます。現在はとくに都会の人は気軽に引っ越してしまい、一族もばらばらですから、産土さまが身近にいるケースはほとんどなくなっていますし、それどころか氏の「かみ」もよく分からなくなっていることが多いのではないかと思います。その結果、最近では鎮守・氏神・産土を区別せず使うことも多くなっているようです。本来は氏神に守られているものを「氏子《うじこ》」というのですが、現在では自分の住んでいる地域の鎮守・氏神・産土いずれの場合も、その「かみ」をおまつりする人を、すべて「氏子」というようになっています。

2 「かみ」とはどんな存在か——宣長の説明

今、身近な神社にまつられている「かみ」について、簡単に説明しました。だいたい鎮守さまと氏神さまと産土さまがいるということをご理解いただけたと思いますが、ここから日本にはたくさんの「かみ」がいることが想像されるでしょう。日本の「氏」がいくつあるか、日本の村がいくつあるかを単純に考えただけでも相当な数になると想像できると思います。

では、そういう多くの「かみ」をひとくくりにして、日本の「かみ」とはどんな存在か、という疑問にひとことで答えるなら何といえばいいでしょうか。少なくともキリスト教のような唯一の神や万物の創造主ではないのはもちろんですが、ではどう説明すればいいでしょう。それをうまくいいあらわしてくれた江戸時代の先達がおります。本居宣長《もとおりのりなが》（一七三〇〜一八〇一）という人です。宣長は、日本の「かみ」についての文献としてよく知られている『古事記』の研究において、現代にもそれを超える本はないのではないかという大著、『古事記伝』を著した国学者です。

「かみ」に対しての宣長の説明を紹介してみましょう。「尋常《よのつね》ならずすぐれたる徳《こと》のありて可畏《かしこき》ものを迦微《かみ》といふ」（『古事記伝』三之巻）つまり、「かみ」とは、普通でなくはかりしれない力を持っていて、畏怖すべき存在だ、というわけです。普通ではなくはかりしれない力というのは、たとえば具体的には火や水、火山や川などを考えてみてください。火山の噴火や川の氾濫、大雨、干ばつ、山火事、地震などを想像してください。二十一世紀の現在でもコントロールのできない自然現象を、古代の日本人が「畏怖すべき」と考えたのは当然ではないでしょうか。そういうわけで水神、山神などの自然をそのまま「おそるべきもの」すなわち「かみ」とあがめるようになったと考えられます。

さて、宣長の説明をもう少し聞いてみましょう。前の文に続けて「竜樹霊狐などのたぐいもすぐれてあやしきもの」とあります。つまり日本の「かみ」は、竜、樹木の精霊、狐など、植物動物でも、人智を超えて不思議な力を持つものは「かみ」であるということになります。

宣長の説明をまとめて整理してみると、要するに人智を超えた力、不思議なはたらきを持ち、畏怖すべきものが、何であれ「かみ」と呼ばれるということなのです。

3　日本の「かみ」、十の特色

以上の宣長の説明で済ませてもいいのですが、もう少し具体的な特色を示しつつ、日本の「かみ」に迫ってみましょう。これは過去の用例や先行研究を参考としつつ私がまとめた特色ですが、十項あります。「かみ」は①生命力である、②唯一でなく多数である、③具体的形がない、④漂流し、来臨し、ときどき「憑く」、⑤領域支配する、⑥超人的力を持つ、⑦分割可能である、⑧捧げものを要求する、⑨「けがれ」を嫌う、⑩変容発展する、の十項目です。以下それぞれについて説明していきます。

①生命力である、というのは「かみ」が生き物であるという意味とは違います。ものを「生み成す」はたらきを、いのちの力すなわち「生命力」といういい方をしてみました。たとえば、地震をおこしたり、雨をふらせたり、火をおこしたり、生物を「生み出したり生かしたり形作ったりする力」について、畏怖をこめて「かみ」と呼んできたのだと考えられます。

②唯一でなく多数、というのは多くの皆さんがすでに聞いたことがあるのではないかと思います。日本は多神教などともいわれますが、「多神教」と分類してしまうのは少し違和感があります。なぜならば、多神教とは、一神教に対しての多神教ですし、その一神教、あるいは唯一神教といっても神が「一しか存在しない」という意味より、「一のみ信じよ」という意味でとらえられます。したがって、とりあえずここでは「かみ」がたくさんいる、としておきます。日本の「かみ」について古来「八百万の神々」といういい方があります。これは八百万という実数ではなく、「数え切れないほどたくさん」という意味です。なお、「かみ」が多数いるのは何も日本のみの専売特許ではありません。古代ギリシャでもローマでもあるいはヒンズー教でも多くの神々がいます。

③「かみ」は具体的形がありません。したがって、仏教と違って「本尊」という人形《ひとがた》がまつってある神社はほとんどありません。まれに「かみ」の像がある場合もありますが、その場合、例外的に仏教の影響でつくられたものです。

では神社には何がまつられているのでしょうか。神社の建築物の中にはご神体とか依代《よりしろ》などといわれるものがまつってあります。「かみ」そのものは形がないのですが、鏡や玉、剣のような、「かみ」が来臨する「よりどころ」になる「もの」があるわけです。ちなみに、お正月の鏡もちは、なぜお正月に飾るのだと思いますか。あれも「かみ」が来臨する依代だからです。正月には歳神《としがみ》さまと呼ばれる「かみ」が各家庭にやって来るのですが、やってきた「かみ」がどこに来臨するかというと、鏡もちなのです。だから鏡もちは三方《さんぼう》にのせて床の間に置いたり神棚に置いたりするわけです。お正月の単なるデコレーションだと思って、面倒だからと鏡もちを省略している方がおられたら、そのお宅ではせっかくやってきた歳神さまが、鎮座するところがなくて帰ってしまいます。面倒がらずにぜひ飾ってください。

④「かみ」は漂流し、来臨し、ときどき「憑く」というのは、③で述べたこととつながりますが、「かみ」は基本的に形がなく、来臨するのですから、いつもどこかに常駐しているわけではありません。依代があり、おまつりしてくれるところにおいでになるのです。神社にいつもいらっしゃるわけではないのですが、おまつりすればいつでもきてくれるのです。だからおまつりはたやせないのです。

このように「かみ」は漂流していてお招きすると来臨するという感覚、実は現代日本人の多くは、すでにご存知だと思います。たとえば皆さん小学生くらいのときに「こっくりさん」というゲームをやったことはないでしょうか。やったことまではなくても聞いたりみたりしたことはありませんか。

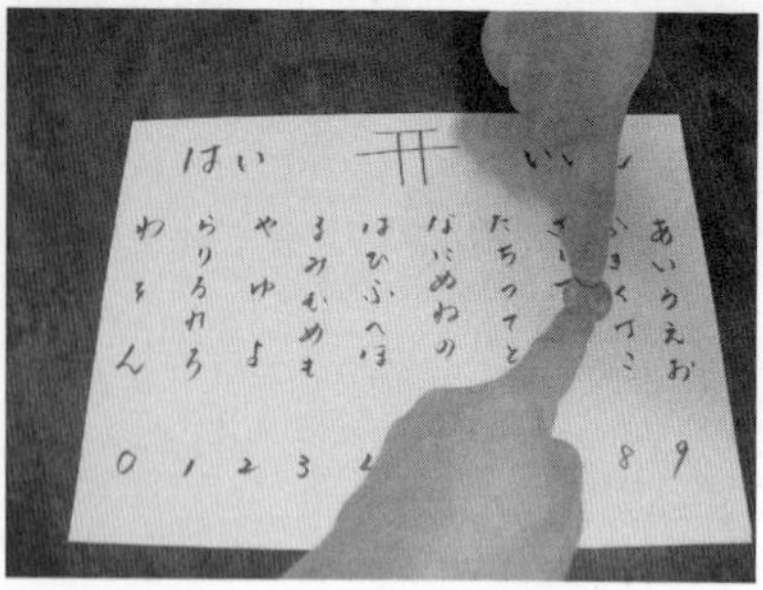

図 1-2　こっくりさん

図 1-3　地鎮祭

「こっくりさん」は、紙に「はい」「いいえ」のような簡単な答えを書いておき、「こっくりさん、こっくりさんおいでください」とお呼びします。それで紙に書いたことばを使って、おつげ（託宣）をもらうわけです。あれは遊びではありますが、そこに「かみ」と人の関係の縮図があって、日常的に私たちは「かみ」がどのような存在かを知らないうちに感じて、意識せずに「かみ」と交流しようとしているともいえるのです。

⑤領域を支配する、というのは、鎮守さまのところで説明したこととつながりますが、日本の「かみ」は一定の領域を支配し、その領域を守護するという特色があります。その影響で現在にも残るおまつりに「地鎮祭《じちんさい》」があります。皆さんもみたことがあるのではないでしょうか。家が建つ前の空き地にしめ縄をはって神主さんを呼び、その土地を支配する「かみ」に御挨拶申し上げるのが「地鎮祭」という「かみ」への「まつり」です。これは日本の土地に関する限り、田舎の個人住宅のみでな

く、古い宗教などとは無縁そうな建築物、六本木ヒルズや種子島宇宙センターでもやっています。ときどき、面倒だからやらなくてもいいのではないかという人もいますが、建築業者が嫌がるのでやらないことはほとんどありません。地鎮祭はその土地を支配する鎮守さまに、工事の安全と建築物の無事な存続を祈る大切な「かみ」への「まつり」なのです。

⑥「かみ」は、「超人的な力」を持ちます。ただ、その力は人にとって都合良くはたらくだけではなく、人にとって都合の悪いはたらき方もします。これは一般的に皆さんが持っている、「かみ」といえばいつでも必ず人を守ってくれるというイメージとは異なるかもしれません。しかし、たとえば「水」は干ばつのときには慈雨になりますが、多すぎたら洪水になることもあります。「水」をつかさどる「かみ」のはたらきは人にとって常に都合がいいというわけではないのです。

⑦「かみ」は、分割可能です。分割可能というのは変ないい方に聞こえるかもしれませんが、皆さんも各地に同じ名前の神社があることに気づいたことがありませんか。たとえば氷川神社という同じ名の神社には同じ「かみ」がまつられているのです。「勧請《かんじょう》」のおまつりを行い、もともとまつられていた土地から、新しい地に「かみ」をお招きするのですが、それがなぜ可能かというと、「かみ」を分割することができるからなのです。分割といっても、もともと形がないのですから分割によってもとの「かみ」が小さくなってしまうわけではありません。変ないい方ですが、分割しつつ増殖するとでもいえばいいかと思います。

⑧「かみ」は人に捧げものを要求します。『日本書紀』第八巻によれば、「かみ」が人に捧げものを要求し、その要求に従わないで死んでしまった天皇の話が出てきます。天皇すらも「かみ」の要求を無視した場合「死」をもって報いられるというのは、「かみ」が人のために何でもしてくれる存在であると何となく思っている方には、意外な感じがするかもしれません。しかし古来日本の「かみ」は、人間の要求に対して無条件に何かしてくれる存在ではありませんでした。「かみ」の託宣によって要求される「捧げもの」をし、「まつり」をすることと引き換えに、「かみ」は守護したり、願いをきいてくれたりするのです。

⑨「かみ」は「けがれ」を嫌います。これも皆さんはどこかで聞いたことがあるかもしれません。「かみ」に出会う前には、「みそぎ」をして身を清めます。その略式のものが、神社の入り口付近にある手水舎《ちょうずや》です。あそこは単なる水飲み場ではありませんのでご注意ください。素通りしてもいけません。最低限、手を洗い口をすすいでから「かみ」の前に参りましょう。古い時代には川や海の水に身をひたして「みそぎ」をしました。ですから「みそぎ」にはシャワーでも浴びるべきところです。それを簡略にしたのが手水舎の作法なのです。また、日本独自の風習として年末に大掃除をするのは、お正月にいらっしゃる「かみ」をお迎えする準備だからです。大掃除など何も年末にやらなくても、と考えてしまうのは、「かみ」をお迎えするという正月行事の意味を理解していないからかもしれません。

⑩「かみ」は変容発展する、これは本書の要になる最も重要な特色です。ある神社におまつりされている「かみ」について、「何のかみさまですか？」とよく聞かれるのですが、ひとことでは説明しにくい場合が多いのです。「かみ」というのは、まつられた当初から一貫して同じ性質のまま存在するわけではないからです。この「かみ」の発展の具体相については、本書第三章から具体的に例をあげてご紹介していきますので、ここではその特色を指摘するにとどめます。

まとめ

本章では、まず、私たちの身近な神社にまつられている「かみ」には、鎮守、氏神、産土があること、鎮守は地縁系、氏神は血縁系、産土は鎮守と氏神を合わせたような存在であることをみてきました。次に、人智を超えた力、不思議なはたらきを持ち、畏怖すべきものが、何であれ「かみ」と呼ばれるという宣長の説明を押さえました。そして「かみ」には十の特色があることを説明しました。では、そういう「かみ」に対して、「ひと」はどうかかわるのか、その基本となる「まつり」について第二章でみていきましょう。

第二章 「まつり」とは？ ——「かみ」と人はどうかかわるか

第一章では日本の「かみ」についてみてきました。身近な神社にまつられている「かみ」には、鎮守・氏神・産土という分類があること、そして宣長の「かみ」の説明を紹介し、さらに十の特色から日本の「かみ」についてイメージを膨らませてみました。

以上をふまえて第二章では人は「かみ」とどうかかわるのかということについて説明します。「かみ」とつきあう方法である「まつり」、「かみ」とコミュニケーションする方法である「祝詞《のりと》」、「かみ」の来臨する場である「依代《よりしろ》」の三つの側面からみていきましょう。

1 「まつり」——「かみ」とつきあう方法

読者の皆さんも、それがどこの神社の何という「まつり」であるかは別として、少なくとも一度は「まつり」に参加したり「まつり」を見学したりしたことがあるのではないかと思います。そしてお寺では「まつり」はしませんので、「まつり」が「かみ」や「神社」に関係のあることだということはお気づきだと思います。では「まつり」には、どういう意味があるのでしょうか。

「まつり」の「まつ」には「待つ」「たてまつる」「まつろう」の三つの意味が含まれています。つまり「かみ」の来臨をまって、お供えものをたてまつって、「かみ」にまつろう（畏れ従う）のが「まつり」というわけです。もう少し定義らしくいえば以下のとおりです。「かみ」に奉仕する人が、精進潔斎、つまり心身を清めて、「かみ」のお出でを待ち、「かみ」と人が出会うことが「まつり」なのです。

ここで「かみ」に奉仕する人というのは神職者に限りません。「まつり」の参加者すべてです。「かみ」と出会って何をするかというと、「かみ」をもてなし、「かみ」の生命力を分けてもらうのです。そして「まつり」が終わったらお帰りいただきます。「まつり」の前夜に行われる「宵宮《よいみや》（前まつり）」で潔斎し、「本まつり」でおもてなしし、そして「後まつり」でお送りするというわけです。これがすべての「まつり」に共通するパターンになります。

「かみ」をもてなすときには神饌《しんせん》という食べ物を用意します。「まつり」では必ず直会《なおらい》という食事会がついていますが、この食事会は単なる宴会ではありません。仏教の法事のあとの飲食である精進落としとも違います。直会では「かみ」にお供えした食べ物を参加者が食べます。第一章で「かみ」の特色の一つが生命力だと述べましたが、「かみ」にお供えした食べ物を食べるのは、「かみ」の生命力を分けていただくためなのです。その意味でこれは「まつり」の重要な部分を構成しているのです。

さて、「まつり」をして「かみ」から生命力を分けていただくとは具体的にはどういうことでしょうか。共同体の構成員にとってと共同体全体にとっての二つの意味があります。構成員個人としては自分の生命力が活性化するのですから、元気になります。皆さんもお供えものを食べると風邪をひかない、などといわれたことはありませんか。共同体全体としてはそのグループの結束力が高まり、そのグループの目的が達成されるということになります。グループの目的とは、たとえば村落共同体であれば、豊漁・豊作などです。また、グループの命というのはグループとしての結束力や発展力なのですから、会社や企業体というグループであれば、その会社の結束と会社の事業の発展ということになります。今でも村や地域のみならず、日本の企業では会社の守り神をまつっているところが多くあります。たとえばトヨタ自動車の豊興神社や、三菱グループの土佐稲荷神社、資生堂の成功稲荷、証券取引所の守護神、兜神社などが有名ですが、これは以上のような意味があるからなのです。

ちなみに、日本人は宴会が好きだといわれますが、「共食（一緒に食べる）」というのは古来「かみ」への「まつり」において重要な意味を持ってきたのです。このことが、宴会すなわち、「一緒に食べる」ことを重視する日本文化に影響を与えていると考えることもできます。近年の春のお花見について「花も見ないで宴会に夢中なのはけしからん」などとおっしゃる方もいるようですが、お花見も、もとはといえば「かみ」への「まつり」です。山の「かみ」が里におりてきて今年の豊作を占うという意味があります。このことを念頭におくのならば、宴会もしないで花だけ眺めているというのも、本来の意味を理解していないということになるかもしれません。

さて、「まつり」では個人の生命力が増し、共同体の結束力が高まるという言い方をしましたが、それは逆にいえば個人の身体や共同体の内部から悪疫や災厄を「祓《はら》い、清める」ということも意味します。疫病や災厄を外に「祓う」のが「かみ」への「まつり」の基本コンセプトの一つなのです。たとえば皆さんよくご存知の年中行事、節分の「豆まき」やひな祭りの「流しびな」を念頭においていただければイメージしやすいでしょう。豆をまいて「鬼」を家の外に追い出す、あるいは、おひなさまに「けがれ」をつけて川に流すなどの行為によって、共同体や個人が祓い、清められ、幸いがもたらされる、ということにつながります。「祓い」「清め」「幸《さきわ》う」というのが「まつり」の目的なのです。ですから、神棚や神社に向かって何をいえばいいか分からないときは「祓いたまえ、清めたまえ、幸いたまえ」と唱えましょう。これが日本の「かみ」に対する基本の唱え言葉になります。

「かみ」はいわば生命力だということを繰り返しますが、そのことを端的に示す言葉を紹介しておきましょう。生命力を維持するはたらきを「産霊《むすひ》」と呼びます。『日本書紀』の神話の中で「国生み」で有名なイザナギノミコト・イザナミノミコトよりも根源的な「かみ」にタカミムスヒノミコト（高皇産霊尊）、カンムスヒノミコト（神皇産霊尊）という「かみ」がいます。これらはまさに「むすひ」の力そのものを神格化したもので、イザナギノミコト、イザナミノミコトという「かみ」もそのはたらきによって生じた「かみ」なのです。「むすひ」は「結び」でもあります。「かみ」の「むすひ」の力は、命をつなぎ・共同体の結束力を高める力そのものです。その意味が生きていることばが、現代の日常語にも残っています。

皆さんもよく召し上がる「おにぎり」は「おむすび」ともいいますが、あれはなぜ「おむすび」なのでしょうか。三角に型抜きしたご飯より、母が結んでくれた「おむすび」がおいしいような気がするのではないでしょうか。手で「むすぶ」ことによって「むすひ」のパワーが加わるからおいしいのかもしれません。また、男の子どもを「むすこ」、女の子どもを「むすめ」というのも「むすひ」と関係があります。「むす」というのは生命力の連結を意味します。「むすひ」の力を親から受け継いでいくのが「むすこ」と「むすめ」なのです。人が死ぬことを「息を引き取る」といいますが、親が息を引き取って「むすこ」「むすめ」につないでいく、これが「かみ」の生命力を感じるという日本人の考え方、生き方なのです。

人はこのような「むすひ」の力、生命力、生み成すはたらきを「かみ」から分けていただくために、「かみ」をお招きし、「かみ」と出会う「まつり」をするのです。

2 「祝詞」――「かみ」とコミュニケーションする方法

「かみ」への「まつり」には、仏教やキリスト教と違って、経典やバイブルのようなものはありません。しかし皆さん、「まつり」のときに神主さんがお祓いしながら何やら唱えているのを聞いた覚えはありませんか。あれは「祝詞」といいます。では「祝詞」とは何なのでしょうか。基本的には「かみ」が御言葉《みこと》持ちにのってきたとき発することばといえます。「みこともち」というのは、「かみ」のことばを持つ、つまり「かみがかりする」ということですから、「かみがかり」して発する「かみ」のことばが「のりと」というわけです。いいかえれば、「かみ」の託宣、つまりお告げが「のりと」ということです。しかし、現在、実際にさまざまな「まつり」の場で「かみがかり」しているケースはほとんどありません。多くの場合、神職が「かみ」に申し上げるというタイプの「のりと」が唱えられています。つまり「のりと」には二種類あるのです。

二種類というのは「宣《の》る」タイプ（宣下体）と「白《もう》す」タイプ（奏上体）の二つです。「宣る」タイプは「かみ」が託宣するケースです。『延喜式』の祝詞の中にある六月晦大祓《みなつきのつごもりのおおはらえ》、大嘗祭《おおにえのまつり》などの「のりと」は「かみがかり」して唱えたものを記録したものです。現在でも六月の大祓で唱えられる「のりと」は、若干の字句の異同はあるものの、昔記録されたものをそのまま唱えています。「白す」タイプは神職から「かみ」に申し上げるもので、七五三や地鎮祭などで普通に用いられる「のりと」はほとんどがこのタイプです。

「のりと」の起源は、神話時代にさかのぼります。「天の岩戸」の神話を聞いたことがあるでしょうか。アマテラスオオミカミが怒って岩戸に隠れてしまったときのことです。アマテラスオオミカミは太陽の「かみ」ですから、隠れてしまうと世界中が真っ暗になり、皆が困ることになるでしょう。そこで何とか出てきていただこうと、皆で岩戸の外でいろいろなことをするわけです。そのときアメノコヤネノミコトがアマテラスオオミカミをたたえることば、すなわち「のりと」を申し上げたのです。結局それでアマテラスオオミカミが出てきたのではなく、アメノウズメノミコトの舞いによって岩戸をあけたわけですが、これは「かみ」に奉納する舞、「神楽《かぐら》」の起源にもなります。この起源神話のエピソードにみられるように、「のりと」は、神楽やご馳走と同じように、「かみ」を接待するために奉納するものという側面があります。

このように「かみ」からの託宣をもらったり、「かみ」に何かを申し上げたりするという、「かみ」とコミュニケーションすることばが「のりと」なのです。「まつり」には「かみ」の生命力を分けていただくだけではなく、「かみ」とコミュニケーションするという意味もあるのです。

3 「依代」――「かみ」の来臨する場

「まつり」と「のりと」についてみてきましたが、それでは、「のりと」を唱え「まつり」をする場、すなわち神社とはどのような意味を持つ場なのでしょうか。一言でいえば、神社とは「依代」がある場です。それを理解するために、神社にはもともと建築物はなかったということ、「かみ」が来臨する場は「依代」だということ、そして生命力を生みだす神社には水が湧き緑なす「杜《もり》」が必要だということを、次々検討しながら、「かみ」の来臨する場に対するイメージをつくっていきます。

神社とは何かをイメージしやすくするために、まず、仏教の寺とは何かを考えてみましょう。寺は基本的に修行の場です。というのは、仏教の「仏」とは「悟った人」で、基本の教えは人が「修行」して「悟り」を開いて「仏に成《な》る」ことだからです。その修行のために人々の集まる場所がお寺ですから、基本的に建物＝寺院建築が必要とされるわけです。それに対して神社は、人が集まる、人のための場所ではありません。「かみ」の来臨する場であり、「かみ」に出会う場です。先述したとおり「かみ」は神社に常駐しているわけではありません。基本的には「まつり」をしてお呼びするときに来臨するわけです。ですから来臨する場は臨時に、そのたびごとにつくってもいいのです。その来臨の際、「依代」は必要ですが、建築物は必ずしも必要ではありません。また、古代においては、山そのものが依代・ご神体である場合もあり、それを建築物の中に入れるのはナンセンスであったともいえます。そういうわけで、本来「かみ」をまつるために神社という建築物はいらなかったのです。

それにもかかわらず、神社建築がつくられるようになったのは、仏教の影響と考えられます。仏教には荘厳な寺院、巨大な仏像などがあり、七世紀から八世紀の日本の天皇や貴族には大変魅力的にみえたことでしょう。それに対して「かみ」への「まつり」があまりにも簡素では、その「まつり」が廃れてしまうかもしれません。そこで社殿をつくるようになったと考えられます。

最初の社殿は、稲穂（初穂）を納める場所としてつくられました。稲作民族である日本人にとって「イネ」は特別な植物です。イネには稲魂《いなだま》という「かみ」が宿っていると考えられています。その稲

図 2-1　ひもろぎ

魂を納めるためにつくられたので、神社建築は高床式倉庫の形になっています。現在の神社建築もそうです。

　こうして神社の本殿には「依代」、つまり「まつり」の対象となる「もの」が納められるようになりました。しかし今でもいくつかの神社にはご神体を納める本殿がなく、「かみ」に祈るための拝殿のみの場合もあります。たとえば山がご神体になる大和の国、現在の奈良県の大神《おおみわ》神社などがそのタイプです。これは古来の神社建築が必要なかった状態をそのままあらわしているといえましょう。

　さて、神社には建築物は別になくても構わないのですが、「かみ」の来臨する場として「依代」が必要だと述べました。では「依代」とはどのようなものでしょうか。「依代」には神籬《ひもろぎ》と磐座《いわくら》があります。いずれも「かみ」の来臨する場という意味ですが、その違いをいえば、ひもろぎは常緑樹で、それに「紙垂《しで》」と呼ばれる白い紙をつけたものです。神社のしめ縄やお正月のしめかざり、門松なども、いわばひもろぎなのです。これに対していわくらは岩や石の場合が多いです。大岩や大石にそのましめ縄をかけているのがそのタイプです。このひもろぎ・いわくらが「依代」の基本的な形ですが、「かみ」によっては、とくにその「かみ」に縁の深い象徴的な「もの」を「依代」とする場合もあります。伊勢神宮の「鏡」や熱田神宮の「剣」などがそれです。これらはご神体とも呼ばれます。また、女性や子どもなど、「ひと」が「依代」になる場合もあり、その場合は「依童《よりまし》」といいます。

また、「まつり」で練りまわされる「山車《だし》」は、本来、ご神体である「木を植えた山」を模したつくりものであり、それを「依代」――つまり「かみ」の来臨する場所とします。

すでに述べたように神社は仮の建物（屋代《やしろ》）ですが、神社のあるところには必ず大木がたくさんあるということに気づいたことはありませんか。俗に都会のオアシスなどといっていますが、神社に付設する植物群は木へんに土と書き「杜《もり》」と呼ばれます。これがなぜ神社に必ずあるのでしょうか。「もり」は水が湧きだす土地です。水が湧き、木の生える土地は、ものごとを生みなす生命力のある土地を意味します。生命力のある、つまり「かみ」の宿る土地というわけです。ひもろぎの常緑樹は、この「もり」を意味します。ひもろぎにつける「紙垂《しで》」は清められた場所、つまり結界を意味します。生命力のない土地、けがれた土地に「かみ」は来臨しません。ですから、清められ、生命力のある「もり」のある土地は「かみ」の来臨する場、つまり聖域であるからこそ、神社があるのです。

図 2-2　いわくら

■■■ まとめ ■■■

以上本章では、「まつり」と「のりと」と「依代」についてみてきました。「まつり」では、「かみ」に奉仕する人が、心身を清めて「かみ」の来臨を待ち「かみ」と出会います。人は生命力を「かみ」から分けていただくために、「かみ」と出会う「まつり」をするのです。また、その「まつり」の中では「かみ」とコミュニケーションするため「のりと」を必要とし、「かみ」が来臨する場である「依代」も大切です。そして、清められ、生命力のある「もり」に囲まれた聖域、「かみ」の来臨する「依代」のある場が神社なのです。

第一章で述べた「かみ」の説明と合わせて、日本の「かみ」への「まつり」の基本についてのイメージが湧いたでしょうか。ここまでをイントロダクションとして、この「かみ」が、古代・中世においてさまざまなことがらと出会って、変容しつつ発展していくさまを、本論として具体的にみていきましょう。

Ⅱ

仏教と出会って発展する「かみ」

第三章　変容発展する「かみ」

――仏教伝来以前の「かみ」と仏教と出会った「かみ」

第一章、第二章では、「かみ」への「まつり」について考える基本になることをみてきました。第一章では「かみ」、第二章では、「まつり」と「のりと」と「依代」についてみてきました。本章から、歴史の流れを追って「かみ」が変容発展していくということをみていきます。

「かみ」の「変容発展」とは、本書第一章で日本の「かみ」の第十番目の特色として指摘したもので、本書の中心となるテーマです。ある神社にまつられている「かみ」が何の「かみ」であるか、ということは決まっているように思われる方も多いと思いますが、由緒、縁起をみていただくとわかるように、その性質は不変のものではありません。というよりもむしろ、ほとんどの「かみ」はさまざまな言説や出来事と出会ってその性質がどんどん変容発展してきたのです。

本章では、第一に、自然現象を神格化した「かみ」が特定の氏族の氏神になり、さらに律令体制と出会って体系化されるまでの発展をみていきます。第二に仏教と出会って「苦しむ衆生」になるまでを説明していきます。なお、仏教との出会いによる発展として「苦しむ衆生」という位置付けはすべてではなく、第1ステップにすぎません。仏教との出会いによる発展についてはさらに、修行する「かみ」、仏になる「かみ」の2ステップありますが、それぞれ第四章と第五章で説明します。

1 ローカルエリアでの「かみ」への「まつり」の成立

まず、仏教伝来以前の日本の「かみ」がどのように成立してきたか、その流れをみてみましょう。

第一章で説明したように、古来、山や川、雷、草木などの人智を超えた不思議なはたらきが「かみ」としてまつられてきました。自然現象に対する畏怖にもとづく「かみ」への「まつり」です。そこに支配氏族の氏神と鎮守という観念が加わります。先述したように氏神というのは、一族の祖である「かみ」です。鎮守とは、一定の土地に居住する共同体を守る「かみ」です。もともとその土地で重要な自然現象を神格化した「かみ」は、その土地の「鎮守」でもあります。つまり自然神が「鎮守」とされるのです。さ

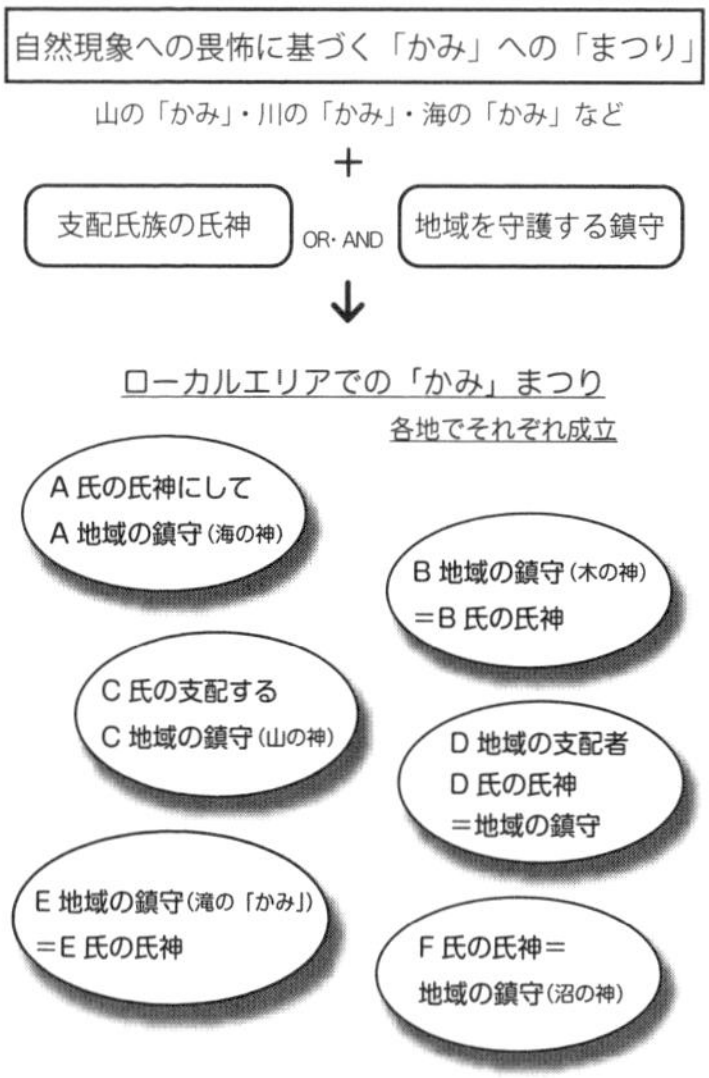

図 3-1　ローカルエリアでのかみまつりの成立

らにそこで、その土地を支配する氏族が、土地の住民への支配力を強めるために自らの始祖である「かみ」(氏神)と鎮守を同一だと主張するようになります。その結果、支配氏族の始祖である「かみ」と鎮守を同一視してまつったものが、その地域で重要な「かみ」となっていきます。こうして各地で新たな「かみ」への「まつり」が成立していったと考えられます。たとえば、大分県の宇佐地方では、海に面した宇佐地方の海の神を宇佐氏の始祖である「かみ」と主張する形で成立した宇佐神がまつられているということです。このようなことが五〜七世紀頃各地でおこっていたとみられます。これが律令体制登場以前の各地で成立していた、ローカルエリアでの「かみ」への「まつり」だと考えられます。

2 律令制度と出会った「かみ」——記紀の成立とアマテラスオオミカミ

ローカルエリアでの「かみ」への「まつり」が各地で成立したあとで、武力によって地方氏族たちを従えた一族(天皇家)が、自らの支配の正統性を裏付けるために、神話体系をつくることになります。それは地方氏族の氏神たちを天皇家の氏神であるアマテラスオオミカミよりも下位におく体系です。アマテラスオオミカミの子孫である天皇家の始祖がこの世界の統治権を神から授けられたということを示す神話、すなわち『古事記』『日本書紀』(以下記紀と略す)が編纂されます。これが八世紀のことです。それは、人間世界のヒエラルキーの頂点を天皇とする裏付けとしての理論の成立でした。

大化の改新ころから中央集権化の一環として「かみ」への「まつり」が宮廷祭祀として行われるようになり、各地の神社も序列化され、祈年祭《としごいのまつり》（豊年祈願）、月次祭《つきなみのまつり》（季節の順調な運行祈願）、新嘗祭《にいなめのまつり》（収穫祭）なども整備し、律令体制の一翼を担う神祇官がこれを統括するというシステムをつくったのです。これを理論的に支えるものが記紀神話です。記紀神話を必要とした律令国家体制は基本的に「かみ」の秩序化によってバックアップされた政治体制です。つまり天皇も地方氏族もこぞって「かみ」をうやまい、「まつり」を行うことで政治もうまくいくという、政教一致体制なのです。

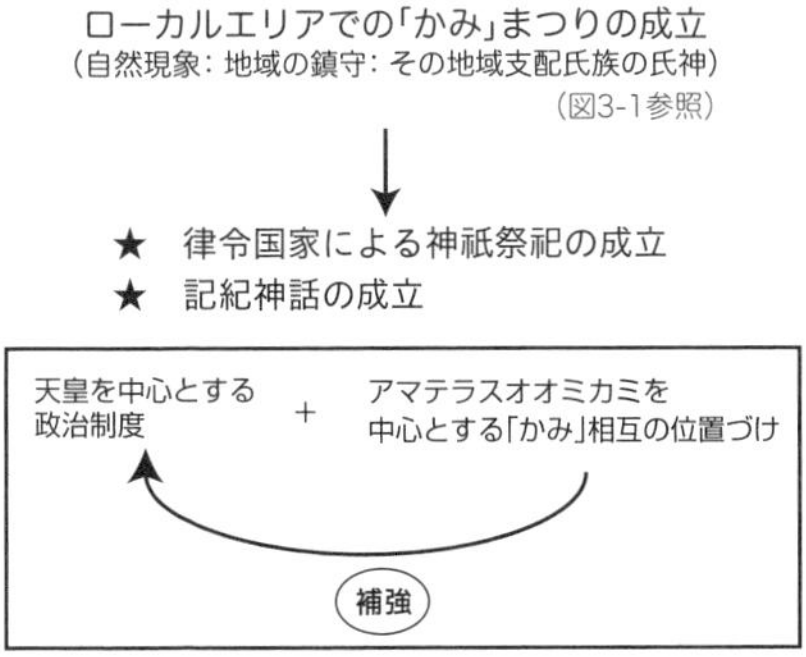

図 3-2　記紀成立と古代神祇祭祀制度の成立による変化

なお、日本の「かみ」や「かみ」相互の関係についての言説としては、記紀の本文とは異なる見方の記録もあります。たとえば『出雲国風土記』をはじめとする各地の『風土記』がそれですが、『日本書紀』の中にも「一書」という記述があり、本文とは異なる伝承としてあげられます。『出雲国風土記』はオオクニヌシノミコトとスサノヲノミコトを中心とする神話であり、ここには記紀でアマテラスオオミカミを中心として活躍する「かみ」はほとんど登場しません。また、『日本書紀』の「一書」には、本文の筋に合わない伝承が異伝として記載されているのです。

さて、話を戻すと、律令制度における記紀神話と神祇祭祀制度の成立によって、アマテラスオオミカミをはじめとする「かみ」が変容発展したとみることができます。ここで、アマテラスオオミカミは、特定の「かみ」が一定の「かみがみ」の頂点に立つという構造に出会ったということです。その結果、アマテラスオオミカミに政治的色がついたのです。また、アマテラスオオミカミ以外の「かみ」も天皇家が政治的権力を持つ限り、この構造にもとづく政治的色がつくと考えられます。というのも、のちに述べるように記紀神話の中に登場しない「かみ」は、天皇やアマテラスオオミカミとかかわろうとする動きをみせてくるからです。これは、特定の「かみ」が一定の「かみがみ」の頂点に立つという構造が政治的意味を持つことを、「かみ」が学んだ結果であるというのが本書の見方です。

3 仏教伝来

前節で仏教と出会う以前の「かみ」が、すでに律令制度と出会って変容発展するさまをみてきました。ここでは「かみ」と仏教との出会いについてみていきます。

仏教が公式に伝来するのは、六世紀です。『日本書紀』によれば、欽明天皇の十三年（五五二年。五三八年という説もある）百済の聖明王が仏像と経典を伝来したときだとされます。しかしこの時点で、仏についての理解が正確になされていたとは考えられません。文物の伝来によって仏という存在が

「かみ」関係	仏教関係
自然現象を「かみ」としてまつる ↓ 支配氏族の氏神・地域の鎮守 ↓ ⇒ローカルの「かみ」へのまつりの成立	欽明天皇 13 年(552 年？)仏教公伝 崇仏・廃仏論争→崇仏派の勝利
↓ 律令制度による神祇官・神祇祭祀の成立(新嘗祭・祈年祭など) ・記紀神話の成立 712 年『古事記』 720 年『日本書紀』	推古天皇（554 ～ 628） 594 年　三宝興隆の詔 →官寺、豪族の氏寺造られる 飛鳥寺(法興寺)、四天王寺・法隆寺 大官大寺・薬師寺・山田寺など
↓ 政治的に相互に関係付けられた「かみ」 ⇒「かみ」に政治的色がつく	聖武天皇（701-756） 741 年　国分寺・国分尼寺建立の詔 743 年　東大寺大仏建立の詔 752 年　大仏開眼 神宮寺成立 神前読経行われる →苦しむ「かみ」の救済

図 3-3　仏教伝来と「かみ」の発展

あることを知ったという段階だと考えられます。しかし第三十一代用明天皇即位前紀には「仏法を信けたまひ神道を尊びたまふ」、つまり用明天皇が「かみ」とともに仏教を深く信仰したという記事が登場します。ただし、この段階では仏を「他国のかみ（蕃神《となりくにのかみ》）」だと考えており、仏教の教理をふまえた十分な理解であるとはいえないようです。また、このころ初の仏教信者になったとされる司馬達等《しばたっと》の娘・嶋は「かみ」につかえる巫女のような存在であり、仏教の「修行者」であるとはいえなかったようです。蘇我氏の氏寺法興寺など「氏寺」というものがつくられるようにもなりますが、これは、仏を「かみ」の一種として崇めるものであり、この時点での氏寺は仏を一族の守りがみとする、氏神のような了解にもとづく寺院でありました。

とはいえ、その後も仏教は着々と普及していきます。六世紀末、第三十三代推古天皇の時代になると、次第に仏法の教えの理解や受容がすすみます。三宝興隆の詔、つまり仏教振興令が出され、と豪族たちがさかんに氏寺を作るようになり、仏教がしだいに広まっていきます。そして第三十六代孝徳天皇即位前紀には「仏法を尊び、神道を軽《あなず》りたまふ」という「かみ」への「まつり」を軽視するかのような記事まであらわれます。しかしこのとき「かみ」への「まつり」をすべてやめて仏教体制に変更したというわけではありません。実際にこの時期にもこの後にも「かみ」への「まつり」が継続していたという記録がのこっているからです。では、仏教が伝来し天皇までもが「仏法を尊ぶ」という事態は、「かみ」にとってはどのような出来事だったのでしょうか。ここで「かみ」は仏教と「出会って発展する」のです。それでは仏教と出会った「かみ」はどのように変容発展するのか、その点について以下みていきましょう。

4 仏教と出会って発展する「かみ」　ステップ1——苦しむ衆生

一般に、日本における「かみ」と仏の関係は「神仏習合」と呼ばれます。この言葉は後代につくられた学問的な説明概念で、大陸から伝わった仏教と日本古来よりあった「神道」が、どちらかに取り込まれてしまわずに調和的に併存することとされます。しかし、本書ではこの用語を使わないで説明していこうと思います。というのは、「仏教」という宗教思想と併存するような「神道」というものが、仏教が日本に伝来してから定着するまでの時点で、成立していたとは考えにくいからです。

本書の観点によれば、「かみ」が仏教に出会って発展するという事態が発生したのだと考えられます。注目すべきは、すでにあった「かみ」が、仏教理論に位置付けられることで、別の性質を持った「かみ」に発展していくということです。つまり「かみ」は仏教の理論による「かみ」の位置付けを学びながら、「かみ」自体としては、段階的に発展していくのです。その発展を仮に三つの段階に分けて説明すると、ステップ1は苦しむ衆生という段階。ステップ2は修行する「かみ」という段階。そしてステップ3は仏になった「かみ」という段階です。なお、本章ではステップ1にのみ言及し、ステップ2、3については第四章と第五章で説明します。

さて、ステップ1は、日本の「かみ」を「苦しむ衆生」とする段階です。『かみ』が苦しんでいる」というのは不思議な感じがするかもしれません。しかし仏教の理論においては、「かみ」というのは、仏側の存在ではありません。「かみ」は「天界」に属し、人やその他の生き物と同じように六道輪廻の世界で苦しみ続ける衆生の一つにすぎません。衆生とは仏教のことばで「いきとしいけるもの」の意味です。仏教の理論では、衆生の境界《きょうがい》は六種類に分かれ、そのいずれかに属します。その境界を六道といいます。六道の中にある衆生は死んでも他の衆生に生まれ変わるという輪廻を繰り返してしまうのであり、それは永遠の苦しみの境界だとされるのです。ですから、仏教の理論においては、六道の一つである「天界」に属する「かみ」とは、まさに苦しんでいる衆生であり、修行して仏の世界を目指すべき存在と位置付けられているのです。

日本では、この解釈にもとづいて八世紀後半に、「かみ」の救済のために、多数の「神宮寺」が建立されます。「神宮寺」とは仏の力によって「かみ」を救うために神社の境内に建てられた寺で、平安時代までに主だった神社におかれるようになります。神宮寺のうち早いものは気比神宮寺、若狭比古神願寺（神宮寺の一種）、多度神宮寺です。たとえば多度神の場合、「我は多度の神なり。吾れ久劫《きゅうごう》を経て重き罪業をなし、神道の報いを受く。いまこいねがわくば永く神の身を離れんがために、三宝に帰依せんと欲す」（『伊勢国桑名郡多度神宮寺伽藍縁起並流記資材帳』）つまり、多度の神が罪業に苦しんでおり、神の身を離れるために三宝（仏法）に帰依することで、神の身を逃れたいと願っているということが述べられています。こうした神の苦しみを救うために建立されたのが神宮寺、神願寺と呼ばれる寺です。また、「神前読経」が行われたという記録もあります。「神前読経」とは、苦しむ「かみ」を救うため「かみ」の前で仏教の経を読むという法会です。神社で仏教法会が行われるようになったわけです。

ただし、これらはあくまで「かみ」に対する仏教の理論による「苦しむ衆生」の位置付けと、その解釈にもとづく法会や建築物の登場ということです。このままで仏教に取り込まれて従来の「かみ」への「まつり」が行われなくなってしまったわけではありません。また、「かみ」が「苦しむ衆生」という地位にとどまったわけでもありません。この後、仏教理論の中での「かみ」の位置付けが発展していきます。

まとめ

本章では、歴史的流れを追って「かみ」が発展するということをみてきました。当初、自然現象を神格化した「かみ」であったのが、その土地の鎮守、そして特定の氏族の氏神と同一視されるようになります。各地で成立し、土地の支配氏族と結び付いた「かみ」は、律令体制と出会ってアマテラスオオミカミを中心として体系化されます。いわば律令制度・記紀神話との出会いによる発展です。また、仏教伝来は、「かみ」に別の発展を促します。本章では仏教との出会いによる発展のうち、第一ステップである「苦しむ衆生」という段階をみてきました。

ここで確認しておきたいことは、「かみ」とはそもそも不変の存在ではないということです。第一章でご紹介したような「無形の、生み成すはたらきへの畏怖」という基本の「かみ」への「まつり」が全く異質のものになってしまうわけではありませんが、「かみ」は、さまざまな言説と出会って変容しつつ発展するというのが、本書の見方です。この後、第四章と第五章で仏教と出会って発展する「かみ」について詳しくみていきましょう。

第四章　仏教と出会って発展する「かみ」　ステップ2

――修行する「かみ」、出世する「かみ」八幡神

第三章では、歴史的流れを追って、日本の「かみ」が律令時代以前より次第に変容しつつ発展し、仏教と出会って「苦しむ衆生」となるまでをみてきました。前章でも述べたように、この「苦しむ衆生」という位置付けは、仏教の理論を使った「かみ」の位置付けのすべてではありません。これをステップ1としてさらに発展するのです。それに続くステップ2というのは、「苦しむ衆生」から出世して、仏教を守る偉大なる仏教修行者、つまり「大菩薩」という位置付けになります。「かみ」は仏教理論の中に取り込まれて終わってしまわずに、仏教と出会うことによってむしろ発展していくのです。

なお、この章では、ステップ2の段階として八幡神《はちまんじん》の発展についてみていきますが、最後に鎌倉時代以降への展望も加えています。というのは、八幡神は仏教との出会いによって発展するのみでなく、鎌倉時代以降もさらに時代の空気を読んで、今度は武神の性質を加えて発展していくからです。

1 八幡神の来歴――自然の「かみ」から護国の「かみ」へ

八幡神社、八幡宮と呼ばれる神社は現在、私たちのまわりにたくさんあります。末社まで含めると全国で四万余社を数えるほどです。大分県にある宇佐神宮がその総本社です。八幡社でまつられているのはヒメガミ（比売神）、ホンダワケノミコト（誉田別命）、オキナガタラシヒメノミコト（息長帯比売命）の三柱の「かみ」です。しかし最初からこの形でまつられていたわけではありません。まず八幡神の来歴をみてみましょう。

八幡神あるいはヤハタノカミは、もともとは宇佐地方の「かみ」で、海の「かみ」、農耕の「かみ」であったとされています。この「かみ」が、なぜヤハタの「かみ」なのかといえば、渡来人秦《はた》氏の氏神だからとも海のことを大陸の言葉でパダというからだともいわれます。八幡三神のうちヒメガミは、タマヨリヒメ（玉依姫）、または宗像三女神のことであるともいわれます。タマヨリヒメも宗像三女神も海と海上交易の「かみ」でありますから、いずれにせよ海に面した宇佐土着の自然現象を神格化した「かみ」です。そして、その「かみ」が地方氏族宇佐氏の氏神と同一視してまつられるようになったと考えられます。土着の自然の「かみ」が支配氏族の氏神と同一視されるというのは、第三章でご紹介した、仏教渡来以前の「かみ」への「まつり」の基本的発展であるとみることができるでしょう。

さて次の発展段階としてアマテラスオオミカミを中心としたヒエラルキーができて、ローカルの「かみ」が位置付けられたということを前章で述べました。したがって八幡神の場合もそのように発展したと思われるかもしれません。しかし、残念ながら八幡神は、『古事記』『日本書紀』に登場しません。つまり八幡神は、記紀神話の体系を中心としてみれば来歴不明の「かみ」ということになってしまいます。これはしかし、来歴不明というよりも記紀神話編纂当時、律令制度下においてはマイナーでローカルな「かみ」であり、そして宇佐氏が有力氏族ではなかったということを意味すると解釈できます。アマテラスオオミカミを始祖とする天皇家を中心とした政治体制下においては、記紀神話の体系の中で重要なポジションにいない「かみ」は影響力を持ちにくい状況にあったと考えられます。この状況は、逆に天皇とのかかわりの強さを示すことで「かみ」の地位をあげることにつながるということを、示しているともいえます。ローカルでマイナーな八幡神は、まさにそれを学んだ結果といえる方法で中央デビューを果たすのです。

まず、大神比義《おおがのひぎ》という巫《かんなぎ》の登場です。もと大和三輪神社の巫であった大神比義が五八四年、宇佐八幡宮の祝《ほふり》となりました。そして、宇佐八幡神が実は応神天皇であった、というホンダワケノミコトの託宣を受けます。ホンダワケノミコトというのは、記紀によれば応神天皇の神名ですから、つまり自らが宇佐八幡神であるという託宣になり、これは、突然天皇家と密接なかかわりを持つ重要な「かみ」になったことを意味するわけです。

応神天皇とは、第十五代天皇ですが、応神天皇以前には「まつろわぬ民」が国中に跋扈《ばっこ》していたと伝えられています。また、八幡宮では、応神天皇、ヒメガミとともに応神天皇の母である神功皇后（神名：オキナガタラシヒメノミコト）もまつるようになりますが、神功皇后は応神天皇を身ごもっていながら、新羅に出兵し、神願により出産を、戦いが終わるまで延ばして三韓征討に成功したといわれる女性です。つまり、応神天皇とその母である神功皇后の時代は国家体制の確立していく時期にあたります。

このような国の基盤を築いた時代の天皇と同一視されたことで、宇佐八幡神は、天皇家の支配によってつくられた国土を守護する護国の「かみ」になります。そしてこの後、天皇家の危機、律令体制の危機にあたって重要な託宣をする「かみ」へと発展していくのです。

2　八幡神の仏教との出会いによる発展――苦しむ衆生から八幡大菩薩へ

八幡神は仏教とはどのように出会うのでしょうか。この宇佐八幡神もまずは第三章でご紹介した「苦しむ衆生」というステップ1をふんでいます。すなわち、仏の救済を必要とする、「苦しむ衆生」という位置付けです。たとえば、七二〇年に仏教の法会である放生会《ほうじょうえ》が八幡神のために宇佐八幡宮で行われ、七二四年には八幡神を慰める神宮寺が建てられたとの記事があります。ただし、宇佐八幡神は「苦しむ衆生」の位置付けに甘んじていませんでした。

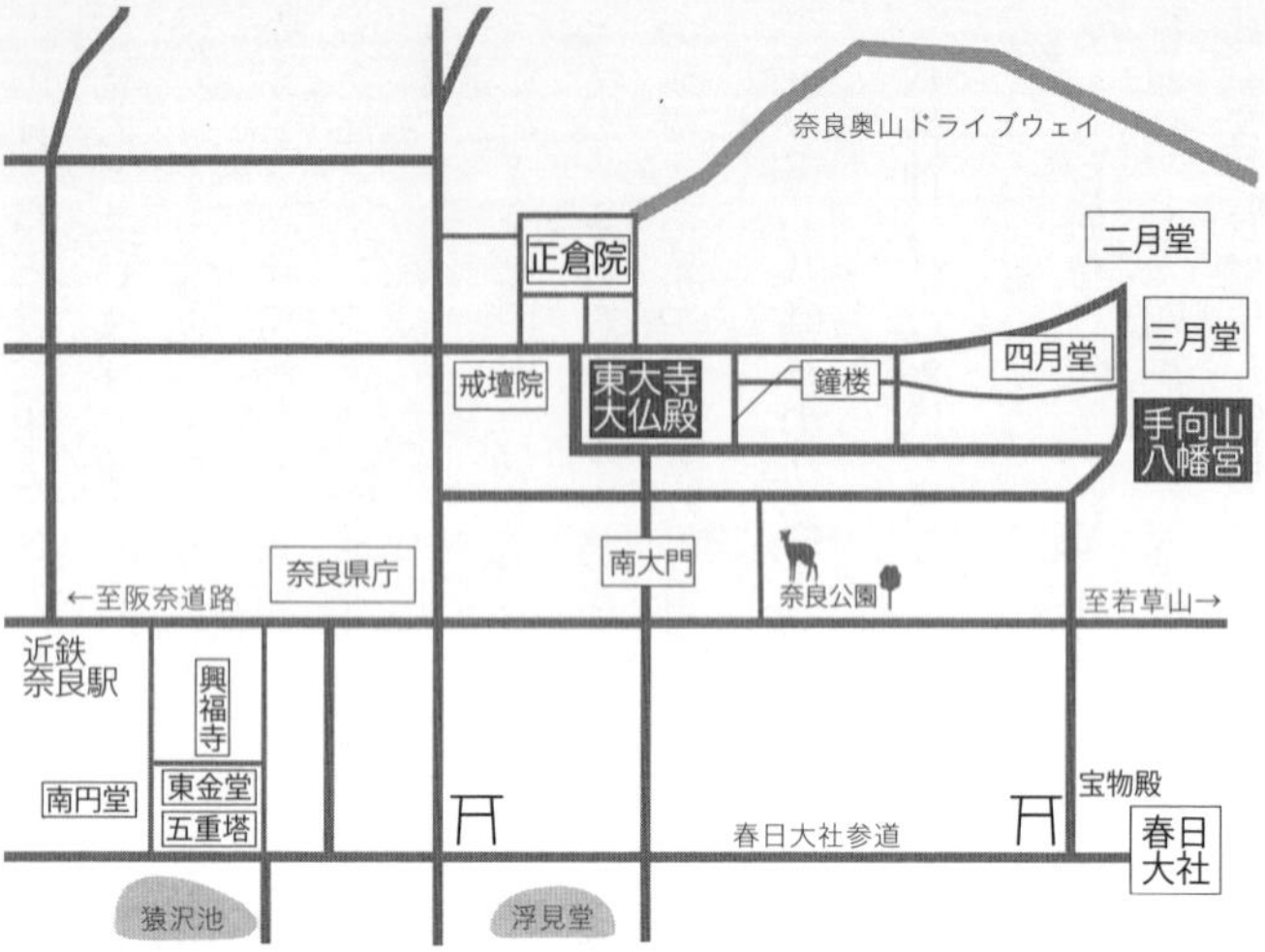

図 4-1　東大寺周辺

七四七年に大神朝臣《おおがのあそん》杜女《もりめ》に「かみがかり」して聖武天皇（七〇一～七五六）の東大寺大仏建立の助言をします。この助言を得て聖武天皇が大仏建立を決行し、全国に国分寺・国分尼寺をつくるという鎮護国家仏教体制が整っていくのです。そしてその助言をした重要な「かみ」として、八幡神は、翌々年東大寺二月堂近く手向山に勧請されてまつられるようになります。これが奈良の手向山八幡宮です。

さらに八幡神は、七六九年にはいわゆる道鏡事件に託宣して有名になります。道鏡事件とは仏教僧道鏡が女帝称徳天皇に取り入って自分が政権の重要な座につき、さらに天皇にまでなろうとしました。道鏡は「八幡神の託宣」があったと主張して自らの異例の出世を導こうとしますが、それを怪しんだ人々が再度八幡神に御伺いをたてたところ、道鏡の嘘があきらかになり、道鏡を失脚させたという事件です。

これらの功績により、桓武天皇によって八幡神に「大菩薩」の称号が与えられ、最初に菩薩号を与えられた「かみ」となりました。その初出は七九八年の太政官符です。「大菩薩」とは仏教の修行者を意味する「菩薩」の中でとくに修行の段階の進んだ、ほとんど仏と同格の存在のみに与えられる称号です。つまり衆生済度の霊力（仏力）を持つ偉大な存在になったことを意味するわけです。したがって八幡神は単なる「苦しむ」存在、仏教による救済を必要とする哀れな「衆生」ではなく、仏教を守護する大いなる力を持った偉大なる仏教修行者に発展したわけです。なお、八幡神が仏教修行者になったことをあらわすものとして、僧形《そうぎょう》八幡像が作成されています。本来形を持たないはずの「かみ」が仏という本来「ひと」である存在と出会って、僧侶の形をした神像がつくられるようになったのです。

その後、八幡神（八幡大菩薩）は、天皇を中心とする政治体制が危機に陥るたびに重要な託宣をする重要な「かみ」となります。そして、都が京都に遷った後には、京都に勧請されます。八五九年大安寺の僧行教が託宣をうけ、翌年、宇佐八幡神の分霊を男山へ勧請するという形で行われ、石清水八幡宮寺としてまつられます。そもそも大仏建立の託宣以来、仏教とのかかわりが深い八幡神ですが、石清水八幡宮寺において、僧侶に勧請され僧侶が経営する「宮寺《みやでら》」という特殊な形態でまつられる「かみ」となったのです。

このように、八幡神は天皇家とのかかわりのみではなく、仏教との出会いも自らの地位の上昇に有効活用しています。被救済者たる「苦しむ衆生」ではなく「修行者」になることで偉大なる護国の「かみ」としてまつられるようになったのです。

3 八幡神その後の発展――武士の守護神へ

奈良から平安時代に仏教と出会って変容発展することで中央デビューを果たした八幡神は、都が移転するごとに奈良、京都へと勧請されましたが、さらに源氏の東方支配にともなって鎌倉にも勧請されます。

清和天皇の第六皇子貞純親王の子、経基王を祖とする清和源氏は、京都の石清水八幡を氏神として崇敬しました。さらに、源義家が石清水八幡宮寺で元服して自らを八幡太郎と称したことから、八幡神への崇敬を篤くしたと考えられています。そして源頼義が鎌倉の由比ガ浜に勧請して、源頼朝が鎌倉に幕府を開く際には現在地に遷して鶴岡八幡宮寺としてまつるようになります。また甲斐源氏は八幡太郎義家の弟である、新羅三郎義光を祖とする清和源氏の一氏族ですが、清和源氏の氏神とされる八幡神への崇敬は甲斐源氏にも受け継がれ、武田信虎、晴信の時代まで続いていきます。つまり源氏にとって八幡神は「氏神」であることが第一の崇敬の根拠になっています。

しかし、源氏の氏神というだけでは東国武士たちの崇敬を広く長く受けた理由が説明できません。

ヤハタの「かみ」……宇佐地方の海の「かみ」・農耕の「かみ」

↓

渡来系　ハタ（秦）氏の氏神

↓

地方氏族宇佐氏の氏神にして宇佐地方の鎮守

↓

★大神比義、託宣を受ける

「八幡神＝ホンダワケノミコト（応神天皇）」

⇒　記紀に載っていない八幡神が、天皇と関係付けられる

↓

720年　宇佐八幡宮で放生会（仏教の法会）

724年　宇佐に神宮寺建立

⇒　仏教教理における「苦しむ衆生」という位置付け

747年　東大寺大仏建立に関する託宣

749年　手向山八幡宮（奈良）勧請

769年　道鏡事件に託宣

798年　桓武天皇から「八幡大菩薩」の称号賜る

⇒　大菩薩（仏教教理における偉大な力を持つ修行者）となった

★僧形八幡像の製作

860年　京都・男山に石清水八幡宮寺勧請

→ 清和源氏の崇敬

1046年？　源義家、石清水で元服⇒「八幡太郎義家」

1063年　源頼義　奥州平定の帰り、由比ガ浜に勧請

1180年　源頼朝、由比ガ浜から現在地に遷宮

1191年　源頼朝　鶴岡八幡宮として整備

⇒　源氏の守護神・関東の総鎮守

↓

「武」の「かみ」、日本の「総鎮守」へ

図4-2　八幡神の発展

それではその背後にあるのは何でしょうか。源氏の一族にとって八幡神は、古代の皇族、建国の天皇という性格よりも、神功皇后の三韓征討神話や八幡太郎義家との関係から、武神としての性格が濃くなります。そして弓矢八幡ともいわれる武士の守護神として、一族郎党にも八幡神・八幡大菩薩へ崇敬が勧められるようになるのです。鎌倉時代以降は、東国の武士たちに武神として篤い崇敬を受けるようになっていくのです。そして武士の守護神としての八幡神が関東から東国に広く展開して、全国的な崇敬を得るようになっていったと考えられます。

■■■ まとめ ■■■

本章では、仏教と出会って発展する「かみ」のステップ2として、「苦しむ衆生」から修行する「かみ」への発展を八幡神を例としてみてきました。自然の「かみ」から地方氏族の氏神と同一視される地方神へと発展しながら、記紀神話に載っていなかった八幡神ですが、古代の天皇と同一であるという託宣を得て出世します。その八幡神が、さらなる出世の契機としたのが、仏教の修行者たる大菩薩になることでした。八幡神が、仏教理論の中の「苦しむ衆生」にとどまらず、同じ仏教理論を利用しつつ、自らの地位を上げ「大菩薩」になったことは、重要な意味を持つといえるでしょう。つまり、仏教理論の中でも「かみ」は発展するということになります。第五章では仏教理論を利用した「かみ」のさらなる発展ステップ3、仏になった「かみ」

についてみていきます。

なお、付加的な事項として八幡神が武神になるという後代の動向も加えました。このことは仏教との出会いによる発展も、「かみ」にとって絶対的なものでも不変のものでもない、ということを示していると考えられます。仏教でもそのほかの性質でも、常に新しい性質を付け加えて変容しつつ発展するのが、「かみ」の特質なのです。

第五章　仏教と出会って発展する「かみ」ステップ3

——仏になった「かみ」

第三章から日本の「かみ」の発展についてみてきています。とくに、仏教と出会って発展する「かみ」については、第三章後半の「苦しむ衆生」をステップ1とし、第四章でステップ2にあたる修行する「かみ」、出世する「かみ」八幡神についてみてきました。本章では日吉山王神《ひえさんのうしん》を中心として、ステップ3にあたる仏になった「かみ」についてみていきたいと思います。そこで「かみ」を仏にする基本理論は本地垂迹説《ほんじすいじゃくせつ》です。まずこれを確認します。次に本地垂迹説による「かみ」・仏関係の説明の展開を紹介します。そして、これを理論として展開した日本仏教諸宗派の中で最初のものである、日吉山王神についての天台宗の理論をみていきます。

1　本地垂迹説の成立

九〜十世紀ごろの歴史文書の中に「権現」「垂迹」ということばが登場するようになります。それは「かみ」について仏教的に位置付けるための、「苦しむ衆生」でも「修行者」でもない新しい概念の登場です。たとえば、八五九年、『日本三代実録』の延暦寺の僧の上表文で、賀茂神社や春日神社にまつられている「かみ」を菩薩大士の「垂迹」であるとする記事があります。あるいは九三七年『石清水文書』大宰府牒に宇佐八幡宮にまつられている「かみ」も筥崎八幡宮の「かみ」も「権現」であって、菩薩の「垂迹」であることに変わりはないという文脈の記事があります。ではこれらの文献にあらわれる「権現」とか「垂迹」というのは何を意味することばでしょうか。それは、仏教の理論である本地垂迹という立場で、日本の「かみ」について位置付けることばなのです。

本地垂迹という発想のルーツは、インド成立の『法華経』如来寿量品第十六に出てくる考え方で、もともと仏教の「仏」についての説明です。この世に現れた肉身をもった「仏」は仮のすがた（化身）で、「仏」の本体は永劫の昔より存在し続けているという説にもとづきます。これが中国成立の天台宗の教理では、永遠の寿命を持つ「法身」、諸仏菩薩である「報身」、「かみ」の姿で現れた「化身」の三つで説明されるようになります。そして、日本では「本地（本体）」と「垂迹（化身）」という用語で説明されるようになったものです。また、特定の「かみ」を指して「権現」と呼びます。仏教の理論を応用し、「本地（本体）」である「仏」が「権《か》りに現れた」のが日本の「かみ」であることになります。

本地垂迹と似た意味を持つことばで和光同塵というものがあります。これは、本来の姿のまま現れると、一般人には光が強すぎるので、光を和らげる、つまり光量のボリュームを落とし、一般人（塵）

Ⅰ　インド・『法華経』

永遠の寿命を持つ釈迦仏
↓
肉身をもってこの世に現れた釈迦仏

↓　理論的に発展

Ⅱ　中国の天台宗の教理（日本の天台宗も継承）

法身（永遠の寿命を持つ）
↓
報身（諸仏菩薩）

報身（諸仏菩薩）
↓
化身（かりに「かみ」の姿をとって現れたもの）
＝インドの在地の「かみ」
中国の在地の「かみ」
日本の在地の「かみ」を含める

つまり　本地（仏）
↓
垂迹（かみ）　といえる。

図 5-1　本地垂迹の理論図解

と同じ姿で現れるという意味のことばです。このことばの出典は仏教の経典ではなく『老子』ですが、日本では本地垂迹とほとんど同じ文脈で使います。

いずれにしても仏と「かみ」の関係を表すことばとして九世紀ごろから文書の中で使われるようになりました。最初に仏との関係を積極的に主張した「かみ」は前章でご紹介した八幡神で、八幡神以外に「権現」「垂迹」などの用語が使われるようになるのは十一世紀前後からです。たとえば一〇〇四年に『本朝文粋』の中で熱田神宮の「かみ」に対して「権現」と使われるなどです。その他、熊野神、白山神など修験道でまつられる「かみ」に使われるのが早い例です。そして十二世紀前後には、他の「かみ」にも広まり、今は、仮に「かみ」として現れているけれども、本当は「仏」だ、という意味のことばとして定着していきます。

2 本地垂迹説による「かみ」・仏関係説明の展開

こうした本地垂迹関係の説明が広まると、次第に八幡神の本地は阿弥陀仏、日吉神の本地は釈迦仏など、個々の「かみ」と個々の仏の具体的対応関係まで細かく決めるようになっていきます。基本的に、人気があり、性格の似ている「かみ」と仏を対応させていきます。ただし、必ずしも一対一対応ではありません。それぞれの神社が自主的に決めていきますので、人気のある仏（薬師如来、観音菩薩、釈迦仏、阿弥陀仏など）は複数の神社で兼ねて採用されています。こうした説明は歴史文書、各神社作成の縁起類、「かみ」のご利益を示す文書などに書かれ、広まっていきます。

ではこうした理論は一体誰が何のためにつくり、広めたのでしょうか。当初は、僧侶が経典や中国仏教以来の理論によって、インドで成立した仏教世界と、在地の「かみ」との関係を説明したという現象でしたが、その後、僧侶側が自主的に「かみ」を位置付けたという仏教内部の理論にとどまらず、その理論を神社側で

図 5-2　懸仏
鎌倉・長谷寺提供

採用し、各神社自ら本地垂迹説で自社の「かみ」を説明することが多くなったものと考えられます。

さらに、十二世紀以降になると、「かみ」と「仏」の本地垂迹関係の図像化がさかんになり、懸仏《かけほとけ》、垂迹曼荼羅《すいじゃくまんだら》なども作成されるようになっていきます。懸仏というのは、丸い鏡状のもので、ご神体として神社にまつられているものですが、表側にはその神社の「かみ」の名などが書かれており、その裏にはその「かみ」の本地とされる「仏」の像が付いているというものです。垂迹曼荼羅というのは、神社にまつられている「かみ」のそれぞれの本地が何の「仏」であるかをいちいち描いた絵画で、十二世紀ごろから日吉、熊野などでつくられるようになったものです。これは「かみ」と「仏」の本地垂迹関係を視覚的に説明するために神社でつくられたものとみてよいでしょう。

さて、こうした現象が、単に本地垂迹というキーワードの示す表裏関係の理論だけで中世日本社会で独り歩きしたわけではありません。こうした理論の普及を支えるに足る、日本仏教と在地の「かみ」の関係を綿密に理論化する作業が、仏教寺院内部から始まってきます。その最初期のものが、日本天台宗の総本山、比叡山から生まれた理論です。

3 天台宗内部における「かみ」と「仏」の関係の説明

比叡山延暦寺は、周知のように最澄（七六七〜八二二）の開山した日本天台宗の総本山であり、現在の滋賀県大津市にあります。この比叡山の鎮守神が日吉神（山王権現）であり、この「かみ」をまつる日吉社は、全国の日吉社、三千八百余社の総本社で、現在は日吉大社と呼ばれます。「山王」の呼称は、中国天台山の地主神（鎮守）が「山王元弼《げんひつ》真君」という道教の神とされたことによります。日本の比叡山にある日吉社の「かみ」と、中国成立の天台仏教のかかわりを説明するために、日本天台宗の僧侶たちが天台宗関係の文書の中で次第に書き継ぎ、理論化が進められたものといえるでしょう。

1．日吉社にまつられている「かみ」

比叡山のもともとの鎮守は、『古事記』によれば、オオヤマクイノカミ（大山咋神）です。オオヤマクイノカミは、オオトシノカミ（大年神）の子で、スサノヲノミコトの孫にあたるとされます。比叡山の山神で古くは雷神であったともいわれます。最澄が比叡山に入山し、一乗止観院を建立した際、その鎮守神（護法神）として東の裾野、坂本の地に「小比叡」の聖域をつくったとされます。この「かみ」は、二宮（小比叡）と呼ばれるようになります。

最澄はまた、大和朝廷の守護神であるオオナムチノカミ（大己貴神）を奈良の大神《おおみわ》神社から比叡山に勧請しました。この「かみ」は大宮（大比叡）と呼ばれました。この「かみ」が勧請されたのは、奈良から京都に都が移ったこと、京都を中心とする朝廷を鎮護するのが日本天台宗であったということがその背景にあると考えられます。

表 5-1　山王二十一社　一覧表

		現社名	祭神	旧称	本地仏
上七社	本宮	西本宮	大己貴神	大比叡(大宮)	釈迦如来
	本宮	東本宮	大山咋神	小比叡(二宮)	薬師如来
	摂社	宇佐宮	田心姫命	聖真子	阿弥陀如来
	摂社	牛尾宮	大山咋神荒魂	八王子	千手観音
	摂社	白山姫神社	白山姫神	客人	十一面観音
	摂社	樹下神社	鴨玉依姫神	十禅師	地蔵菩薩
	摂社	三宮神社	鴨玉依姫神荒魂	三宮	普賢菩薩または大日如来
中七社	摂社	大物忌神社	大年神	大行事	毘沙門天
	末社	牛御子社	山末之大主神荒魂	牛御子	大威徳明王
	摂社	新物忌神社	天知迦流水姫神	新行事	持国天または吉祥天
	末社	八柱社	五男三女神	下八王子	虚空蔵菩薩
	摂社	早尾神社	素盞嗚神	早尾	不動明王
	摂社	産屋神社	鴨別雷神	王子	文殊菩薩
	末社	宇佐若宮	下照姫宮	聖女	如意輪観音
下七社	末社	樹下若宮	玉依彦神	小禅師	竜樹菩薩
	末社	竈殿社	奥津彦神・奥津姫神	大宮竈殿	大日如来
	末社	竈殿社	奥津彦神・奥津姫神	二宮竈殿	日光・月光
	摂社	氏神神社	鴨建角身命・琴御館宇志麿	山末	摩利支天
	末社	巌滝社	市杵島姫命・湍津島姫命	岩滝	弁財天
	末社	剣宮社	瓊々杵命	剣宮	不動明王
	末社	気比社	仲哀天皇	気比	聖観音菩薩

さて、日吉社では、この二柱の「かみ」にとどまらず、さらにまつられる「かみ」が増えていきます。九世紀後半、宇佐八幡が勧請されて聖真子と呼ばれ、大宮（現西本宮）、二宮（現東本宮）と合わせて三聖とされます。また八王子（大山咋神荒魂）、客人（白山姫神）、十禅師（鴨玉依姫神）、三宮（鴨玉依姫神荒魂）という、いずれも朝廷に関係の深い四柱の「かみ」を加え、独自の呼び名を与えて「山王七社」としてまつるようになります。さらにその後、従来の七柱の「かみ」を上七社とし、さらに中七社、下七社を加え二十一社とな

ります。前章で紹介した八幡神を「出世する『かみ』」というならば、比叡山ではいわば「増殖する『かみ』」とでもいうべき現象がおこっていたとみることができます。なお、摂社、末社の名の下に数を増やしていくことは、日吉社に限らず、各地の神社でみられる現象でもあります。

このように日本天台宗の聖地比叡山にある日吉社で、在地の「かみ」に加えて朝廷に縁故のある「かみ」が多く勧請されてまつられるようになっていきます。なお、これらの「かみ」もまた、十～十一世紀になると、それぞれ本地仏配当されるようになります。大宮は釈迦如来、二宮は薬師如来、聖真子は阿弥陀如来、八王子は千手観音、客人は十一面観音、十禅師は地蔵菩薩、三宮は普賢菩薩というような配当です。これは、すでにご説明した本地垂迹説によって「かみ」・仏関係を説明する流行にのっとった現象といえます。ただ、仏教において重要な土地である比叡山では、単に「かみ」を仏に配当するにとどまりませんでした。十三世紀になると、さらに詳しい理論が、比叡山の僧侶たちの文書の中で次第に整備されるようになっていきます。たとえば、なぜすでに「かみ」のまつられている日本の比叡山にわざわざ仏教を請来したのか、仏教と日本の「かみ」はどのような関係にあるのか、といったことを説明するような理論の登場です。

2．天台宗の文献の中の「かみ」と仏を関係付ける理論

前節でふれた天台宗の僧侶がつくった、仏と「かみ」の関係を述べる理論が登場したのは、『耀天

記』(一二二三年成立)がはじめとみられます。その後十三世紀〜十四世紀の天台宗の文書『山家要略記』、『渓嵐拾葉集』などの中で、次第に詳細な説明になっていきます。いずれも日本天台宗内部の文献で、しかもこの理論が掲載されているのはその文献の中の一部分になります。では、これらの中ではどのようなことが説かれているのでしょうか。簡単にいえば、比叡山の「かみ」がもともと仏教の仏である、ということについての詳しく論理的な説明がなされています。

たとえば、代表的な文献『耀天記』の「山王事」によれば、山王神は、アマテラスオオミカミの分身であり、「かみ」とは聖人の精気のことだとあります。また山王神の本地仏はインドの釈迦仏であり、垂迹して日本国に日吉山王神として現れたといいます。その理由は衆生の現世利益・除災招福をたすけ仏法を守るという誓いを果たすためだとされます。なぜわざわざ「かみ」の姿をとるのかについては、釈迦仏の善巧方便、つまり人々を仏の道へと教え導くために、あえてわかりやすい姿をとったとします。また、「かみ」は申《さる》に示すという字であるから、日吉の猿として示現するとし、比叡山の「かみ」のお使いが猿である理由なども説明します。

また、大日如来と釈迦如来を並立し、釈迦如来と大日如来は実は一体であり、一切の仏菩薩はその化身であるとするなど、仏と菩薩相互の関係なども日本天台宗の教義から説明していきます。日本天台宗では密教の「仏」である大日如来と顕教の「仏」である釈迦如来を一体とする独特の教義がありますが、これも利用して「かみ」と仏の関係の一体性の説明も充実させていくのです。さらに、天台宗では三諦即一、一心三観という独特の教義がありますが、この教義を「山（たて三によこ一）」と「王（よこ三にたて一）」の各字が表しているとし、教義面とも結び付けた説明がされます。

詳細は仏教理論なので少々複雑ですが、結論を簡単にいえば、日本天台宗の僧侶たちは、単に、ある「仏」とある「かみ」の本地・垂迹という対応関係を述べるにとどまらず、より詳細に日本の「かみ」と天台の教理が結び付いていることを説明しようとしているのです。つまり日本の「かみ」の守護する比叡山と、日本天台宗、そして山王神の守護する中国天台宗が密接に不可分にかかわっていることが主張されているのです。その説明の理論が『耀天記』、『山家要略記』、『渓嵐拾葉集』などの日本天台宗の文献の中で書き継がれていきます。そしてこうした説明理論の集積が、後代に「山王神道」と呼ばれるようになるのです。

さて、このように比叡山の「かみ」について説明する理論を書き継いでいくことは、比叡山の僧侶にとってはどのような意味があったのでしょうか。全般的なことをいえば、仏教が外来思想であったということがまず考えられます。もともと外来のものである仏教が日本に根を下ろすためには、仏教は日本と関係のあるものだと説明する必要があったと考えられます。

しかしそれではなぜ仏教伝来の直後ではなく、十三世紀の天台宗において理論化が始められたのでしょうか。それは、十二世紀後半の平安時代末の社会情勢や思想運動の影響があると考えられます。平安末期には、政治不安の状況下にあり、天台宗の内部から新しく禅や浄土などを主張する者たちが次々と現れてきました。この平安末期から鎌倉期に成立した新しい仏教運動は、一般に鎌倉仏教と呼ばれますが、神祇不拝の立場をとるものもありました。この動きに対し、天台宗では、逆に従来の民衆の思想基盤の一つである「かみ」の「まつり」と深く結び付く仏教理論をつくったのだと考えられるのです。つまり、この理論化作業は、比叡山の僧侶にとっては、日本に天台宗の教えを広めるために必要な説明であったと考えることができるでしょう。

4　仏になった「かみ」

本地垂迹をはじめとする理論の登場は、日本の「かみ」にとっては、別の重要な意義を持っていました。それは、「かみ」が仏になったということです。これは第三章で述べた「苦しむ衆生」や第四章の八幡神のように「修行して位を得た大菩薩」にあてはめることとは、全く次元を異にする位置付けを意味しています。すなわち、本地垂迹では、「かみ」は仏が仮に姿を変えたもの、仏の化身であるということです。したがって「かみ」が、「仏そのもの」であることになりますから、「かみ」はもはや「衆生」や「修行者」という苦しむ側の存在ではなく、苦しみから離脱した「仏」という価値の存在へと発展したことになるのです。

また、天台宗の「かみ」と仏の関係を説明する理論の中で、日本天台宗独特の教義である顕教の仏と密教の仏を一体視する理論があることに少し言及しましたが、この理論が仏と「かみ」の理論に適六道輪廻の世界で苦しむ「衆生」としての「かみ」
……★ここでは「仏」と隔絶した存在
↓
仏を目指して修行する存在としての「かみ」
……神宮寺での法会・神前読経
↓
大菩薩としての「かみ」：仏教修行がかなり進んで大いなる力を持つ存在
↓
仏の垂迹としての「かみ」：本体の仏（法身仏・報身仏）が
権（かり）に姿を変えてこの世に現れた姿（権現）
（「かみ」だが実は「仏」とはいえ、「仏」が本体）
↓
仏と「かみ」は同体：つまり、「かみ」＝「仏」

図 5-3　仏教理論における「かみ」の発展（まとめ）

用されるとき、本地垂迹説ではなお残っていた、仏が根本（本地）であり「かみ」は派生的存在（垂迹）であるという関係を乗り越え、さらに明確に「かみ」と仏が同格の存在に発展しました。このような「かみ」と、日本天台宗の理論の中の密教との出会いは、仏になった「かみ」の理論のいわば完成といえる形態でしょう。

天台宗の僧侶はこうした「かみ」・仏関係の理論を比叡山の「かみ」のみではなく伊勢の「かみ」にも適用していきます。これが後代に「両部神道」と呼ばれる理論になります。この理論は天台宗の僧侶がきっかけとなり、真言宗の紀伊半島への進出に伴って真言宗の僧も理論の整備に貢献していくものです。こうした理論の登場が、のちに、伊勢神宮における伊勢の神官による伊勢の「かみ」を説明する理論の形成にも影響を与えていくことになるのです。

まとめ

本章では仏教と出会った「かみ」の発展段階ステップ3にあたる「仏になった『かみ』」についてみてきました。本来仏と仏の関係を示す理論であった本地垂迹説がまず登場し、今は、かりに「かみ」として現れているけれども本当は仏だ、ということを意味することばとして定着します。のみならず、まず特定の「かみ」の本地が特定の仏であるという本地仏配当が流行し、それが図像化されて広く普及します。

こうした「かみ」と仏の関係を詳細に説明する理論は、のちに日本仏教諸宗派でつくられますが、その最初のものが天台宗の理論です。かれらは「かみ」と仏のみならず、中国成立の天台宗の教理と深く密接に比叡山の「かみ」が結び付いていることを説明したのです。こうした諸理論化作業の核心は、仏教を日本の土壌に定着させるため、仏は「かみ」と別のものではない、ということを主張することです。その結果、「苦しむ衆生」から出発した日本の「かみ」は、仏教の理論の中で発展し、仏教の修行の最終段階ともいえる仏になるのです。

さて、本章まで三章にわたって仏教と出会った「かみ」についてみてきました。「苦しむ衆生」が「修行者」を経て「仏」になった、ということで仏教との出会いによる「かみ」の発展は、いったん、終止符を打ちます。次章からは、「かみ」のやしろをまつる神職たちの手を通して、「かみ」がどう発展するのか、伊勢神宮にまつられている「かみ」を中心にみていきたいと思います。

Ⅲ

神職の言説の中で発展する「かみ」

第六章　「皇」字を欲しがる「かみ」――社寺縁起と伊勢神宮

第三章から五章までは、「かみ」が発展していくプロセスを仏教との出会いを中心にみてきました。本章では、神職による「かみ」についての言説が、「かみ」をどう発展させていくかをみていきたいと思います。

まず、神職による「かみ」についての言説を示す社寺縁起の成立と発展を述べます。そしてその動きの中から出てきた伊勢神宮の社寺縁起の五書をめぐって、伊勢神宮にまつられている「かみ」についての理論を検討していきます。伊勢には内宮と外宮がありますが、外宮の「かみ」が内宮と同じく「皇」の字を欲しがることで変容発展するということを説明します。

1　神職による「かみ」についての言説――社寺縁起

社寺縁起というのはその社寺の歴史について語る文書です。本書の焦点である神社に関していえば、そこにまつられている「かみ」が、いつからどういう経緯でまつられるようになったのか、いつ社殿ができたのか、まつられているのはどういう「かみ」なのか、どんなご利益があるか、「まつり」はどうすればいいか、その神社の財産はどのようなものか、などを記録した文書です。こうした文書を作成するのは、その神社の伝承を受け継ぐ神職の氏族です。伝承は古来、口伝で受け継がれたものですが、六世紀ごろから朝廷に提出する『伽藍縁起并流記資材帳』、つまりその社寺の縁起と資材について報告する公式文書がつくられるようになり、そのために社寺縁起の類を文書として残すようになったといえましょう。こうした各神社の伝承である社寺縁起は、八世紀に朝廷が編纂した日本の「かみ」についての記録『古事記』、『日本書紀』には記載されていないような、各神社独自の事項について詳細に記載されているのが特徴です。

さて、この社寺縁起の中に、「かみ」とかかわる人の在り方や「かみ」という存在についての理論的記述が次第に書かれるようになっていきます。それが、仏教などとは異なる日本の「かみ」の「まつり」独自の考え方を表すものとして、のちに、いわゆる「神道」理論として注目されるようになっていくのです。そうした理論面を兼ね備えた社寺縁起として最も早い成立のものが伊勢神宮にまつられている「かみ」についての文書です。その文書の成立の経緯について、以下みていきたいと思いますが、その前に、社寺縁起成立以前の伊勢神宮についてみておきましょう。

2 伊勢神宮にまつられている「かみ」

伊勢神宮は大きく分けて、内宮（皇太神宮）、外宮（豊受大神宮）の二つの宮からなっている神社です。その他にも摂社末社は多数ありますが主たるものは内宮と外宮です。ここでまつられているのはどのような「かみ」でしょうか。

1．内宮の「かみ」アマテラスオオミカミ

内宮の「かみ」はアマテラスオオミカミ（天照大神）、別名日神、オオヒルメノムチ（大日靈貴）とも呼ばれます。呼び方や表記は文献や時代によってさまざまありますが、本書ではアマテラスオオミカミとします。さて、アマテラスオオミカミは、『古事記』（七一二年成立）においては、イザナギノミコトが、死の世界である黄泉《よみ》の国に居るイザナミノミコトのもとから生還し、黄泉の穢れを洗い流した際の、左目を洗ったときに化生したとされます。ちなみに、このとき右目から生まれたツクヨミノミコト、鼻から生まれたスサノヲノミコトとともに、三貴子と呼ばれます。

また、『古事記』と『日本書紀』（七二〇年成立）によれば、アマテラスオオミカミは、天皇家の祖

図 6-1　伊勢神宮　内宮本殿
（神宮司庁提供）

先神とされ、伊勢の地にまつられるまでの経緯も詳しく説明されています。アマテラスオオミカミの孫で、天皇家の祖であるニニギノミコト（瓊瓊杵尊）が、天下る（天孫降臨）とき、アマテラスオオミカミから、三種の宝物（神器）を受け取りました。そしてこの三種にはアマテラスオオミカミの御魂が宿っているから、いつも一緒に持っているようにといわれました。その結果、皇居の中に三種の宝物が三つともまつられるようになります。しかし、崇神天皇五（紀元前九三）年に、疫病が流行した後、三種全部持っているのが重荷になった崇神天皇は、翌（紀元前九二）年三種のうちの二つを皇居から外に出して、大和の国笠縫《かさぬい》にまつることにしました。そして、崇神天皇の皇女、豊鍬入姫命《とよすきいりひめのみこと》が、最初の斎宮になって、剣と鏡をまつるようになったのです。さらにその後、垂仁天皇の二五（紀元前五）年、垂仁天皇の皇女、倭姫《やまとひめ》が斎宮になり、倭姫がアマテラスオオミカミから託宣を受けて、まつりの場所の変更を命ぜられ、鎮座の地を探して巡行します。約五十年の巡行を経て最終的にたどり着いたのが、現在内宮がまつられている伊勢の国五十鈴川のほとりの地であると述べられています。

2．外宮の「かみ」トヨウケノオオカミ

外宮の「かみ」、トヨウケノオオカミ（豊受大神）は、トヨウケヒメ（豊宇気毘売）の別名と考えられます。トヨウケノオオカミにも別名はいろいろあります。『古事記』によれば、トヨウケヒメはイザナミノミコトの子、ワクムスヒノミコト（和久産巣日尊）の子であるとされます。ワクムスヒノミ

イザナギノミコト

↓ 化生

アマテラスオオミカミ・スサノヲノミコト・ツクヨミノミコト

↓

アマテラスオオミカミ（太陽）は高天原の支配者

↓

ニニギノミコト（皇孫）が天下るとき、アマテラスオオミカミは
三種の宝物を自らの依代として持たせる
（いつでもアマテラスオオミカミと一緒にいられるように）

↓

代々の皇孫が、三種の宝物（鏡・剣・玉）を皇居内にまつる

↓

BC93　崇神天皇　疫病が流行した際、
三種の宝物のうち「鏡」と「剣」を大和の笠縫へ
（皇女、豊鍬入姫命が最初の斎宮となり宝物を守る）

↓

BC5　垂仁天皇の皇女、倭姫にアマテラスオオミカミの託宣
まつりの場所の変更を命ぜられる

↓

約 50 年の巡行を経て伊勢、五十鈴川ほとりの現在の地にまつられる
「鏡」「剣」を伊勢へ

↓

「剣」は後に熱田へ（「鏡」のみ伊勢に残る）

図 6-2　アマテラスオオミカミが伊勢にまつられるまで
（『日本書紀』による）

コトはイザナミノミコトの尿から化生した水の「かみ」です。トヨウケの「ウケ」は食物のことで、後に、他の食物神のオオゲツヒメ・ウケモチノカミなどと同様にウカノミタマノカミ（宇迦之御魂神。別名、稲荷神）と同一視されるようになる、穀物を司る食物神です。

一方、『日本書紀』にはトヨウケノオオカミについての詳しい記事はありません。第四章の八幡神のところでも述べたように『日本書紀』に記載されていないということは、トヨウケノオオカミも外宮の神職である度会《わたらい》氏も『日本書紀』の編纂時点においては、朝廷にとって有力な存在ではなかったことが推定できます。しかし、トヨウケノオオカミは宇佐八幡神のようなローカルの「かみ」ではなく、アマテラスオオミカミと並んで伊勢にまつられる「かみ」ですから、ここで一つの疑問が生じるのです。つまり、トヨウケノオオカミは一体いつ、どういう経緯で伊勢の地に外宮としてまつられるようになったのでしょうか。

図 6-3　伊勢神宮　外宮本殿
（神宮司庁提供）

『古語拾遺』（八〇七年成立）に、アマテラスオオミカミの孫であるニニギノミコトが地上に降臨するとき、アマテラスオオミカミの詔によりトヨウケヒメも同行したという説がありま す。また、外宮神職によって製作された公式文書『止由気宮儀式帳』（八〇四年ごろ成立）によれば、雄略天皇の夢枕にアマテラスオオミカミが現れ、自分一人では食事が安らかにできないので、丹波国の比沼真奈井《ひぬまのまない》にいる御饌《みけ》の「かみ」、トヨウケノオオカミ（『止由気宮儀式帳』の表記では止由気大神）を近くに呼び寄せなさい、といわれ、丹波国から伊勢国の度会に遷宮させたとされています。この説によれば、もともとトヨウケノオオカミは丹波の「かみ」ということになります。ちなみに『丹波国風土記逸文』には、奈具社の縁起として次のような話が掲載されています。「丹波郡比治里の比沼真奈井で天女八人が水浴をしていたが、一人の羽衣を老夫婦が隠してしまったので天に帰れなくなった。そのためその老夫婦の家に住んでいたが、十年後に家を追い出されてしまい、あちこち漂泊した末に未奈具村に至ってそこに鎮まった。この天女がトヨウカノメノミコト（豊宇賀能売命）である」というものです。この天女がかもした御酒が有名です。神聖な食べ物、酒を造る天女ですから、御饌津の神であるトヨウケノオオカミとも通じるともいえます。

ただ、これらの文献にあるようなアマテラスオオミカミの詔も雄略天皇の夢の記事も、アマテラスオオミカミや天皇について詳細に記載されているはずの朝廷の公式文書『日本書紀』には記載されていないのです。つまり、これらの事項が『日本書紀』編纂時の編纂者には、少なくとも知られていない情報であると推定できます。結局、なぜ伊勢に、内宮と外宮、アマテラスオオミカミとトヨウケノオオカミが並んで伊勢神宮としてまつられているのかということについては、残念ながら、公式的にはすでにこの時点でよくわかっていないということになります。ただ、律令時代にはすでに「伊勢両

イザナミノミコト（イザナギとともに、かみがみ・くにぐにを生む「かみ」）

↓ 化生

ワクムスヒノミコト（水の「かみ」）

↓ 化生

トヨウケヒメ（食物・穀物の「かみ」）

『古事記』（712 年成立）より

（『日本書紀』（720 年成立）には記載がない）

↓

ニニギノミコトが天下るとき、アマテラスオオミカミとともに、
トヨウケヒメも同行

<『古語拾遺』（807 年成立）より>

（しかし『日本書紀』天孫降臨の場面にはそのことは載っていない）

↓

雄略天皇のときに
「丹波国・比沼真奈井にいる御饌の「かみ」トヨウケノオオカミを
呼び寄せなさい」というアマテラスオオミカミの夢告があった。

<『止由気宮儀式帳』（804 年ごろ成立）より>

（しかし『日本書紀』雄略天皇条にはこの話は載っていない）

↓

トヨウケノオオカミ、現在の地に伊勢の外宮としてまつられる

※この事実は動かしがたいが、どういう経緯なのかはあいまい。

図 6-4　トヨウケノオオカミが伊勢にまつられるまで

宮」としてまつられていたということは歴史史料によって確認できます。

3 「皇」字論争と外宮神職作成の社寺縁起

1.「皇」字論争

内宮と外宮の関係に変化がおこったのは、鎌倉時代に入って八十年以上たち、律令体制が崩壊した十三世紀末のことです。いわゆる「皇」字論争と呼ばれる問題が外宮と内宮の神官の間で持ち上がりました。「皇」字論争とは、一二九五（永仁四）年外宮の神職度会《わたらい》氏が公式文書の中で「豊受皇太神宮《とようけこうたいじんぐう》」と「皇」の字を用いたことに対して、内宮神官荒木田氏が抗議したことに始まる論争です。

従来、内宮は天皇家の祖先神であるアマテラスオオミカミの御霊代《みたましろ》（ご神体）をおまつりする神社ということを強調する際に「天照皇太神宮《てんしょうこうたいじんぐう》」などと記載されたり、まつられている「かみ」が「天照皇太神《あまてらすすめおおみかみ》」と呼ばれることはありましたが、外宮とそのまつられている「かみ」について「皇」をつけることはありませんでした。しかし、この時期、外宮神職度会氏が、外宮も「皇太神宮」であり、伊勢神宮は、「二所皇太神宮」であると公式文書に書くようになります。これに対し内宮神職荒木田氏が、公式の歴史書『日本書紀』にも載っていないような、出自の知れないトヨウケノオオカミに、天皇家との関係を示す「皇」の字をつけるのはもってのほかである、と反論したわけです（『皇字沙汰文』）。

なぜ、この時期、外宮神職は「外宮も皇太神宮である」「伊勢神宮は、二所皇太神宮である」と主張したかったのでしょうか。律令制度下においては、神社は経済的な保証がありました。しかし律令体制崩壊後の鎌倉時代には、経済的バックアップがないため自力で経済基盤を獲得する必要がありました。しかし内宮は基本的に皇族の参拝を中心とする神社ですから、律令体制崩壊とともにその力が弱くなり、この時点では農耕神として武士や農民の崇拝者を獲得して経済的力を伸ばしつつあった外宮の方が実質的力を持つようになっていたと考えられます。つまり律令制度の経済的基盤を失った時点で、内宮と外宮のバランスに影響が出てきたわけです。外宮神職はさらに伊勢の特色をアピールしつつ、外宮の崇拝者を増やしていくことを必要としていました。そのため外宮の「かみ」の価値をアピールする必要があったと考えられます。

この論争は、基本的に内宮が有利であることは史料的にあきらかでしょう。そこで外宮側の主張を根拠付けるような、歴史文書が必要になってきます。外宮の神職度会氏がとりだしたのが「二所皇太神宮」の鎮座次第について書かれた社寺縁起です。これがのちに「神道五部書」と呼ばれる五書の文献です。

2．二所皇太神宮を主張する伊勢の社寺縁起

いわゆる「神道五部書」とは、外宮の神職が製作した「伊勢が二所皇太神宮であることを主張する」五つの社寺縁起について、後代の学者がまとめてつけた名称です。形としては、伊勢に二つの宮が存

在し、そこで「かみ」がまつられている事実を、その起源にさかのぼって歴史的に裏付けるというスタイルで書かれています。具体的には『天照坐《あまてらします》伊勢二所皇太神宮御鎮座次第記』、『伊勢二所皇太神御鎮座伝記』、『豊受皇太神御鎮座本紀』、『造伊勢二所太神宮宝基本記』（以下、『御鎮座次第記』、『御鎮座伝記』、『御鎮座本紀』、『宝基本記』とする）、『倭姫命世記』の五書です。

第一の『御鎮座次第記』は、内宮の「かみ」アマテラスオオミカミが五十鈴川上に鎮座するまでのいきさつと、外宮の「かみ」トヨウケノオオカミの由来と伊勢山田原に鎮座するまでの経緯が述べられています。第二の『御鎮座伝記』は『御鎮座次第記』より詳しく、両宮鎮座の由来、祭神の起源、神格、ご神体について述べています。この書の特色は、内宮鎮座にサルタヒコノオオカミ（猿田彦大神）の託宣、サルタヒコノオオカミの子孫太田命《おおたのみこと》が倭姫を迎え奉ったという記述がある点です。第三の『御鎮座本紀』は天地開闢より両宮鎮座にいたる経緯を述べています。アマテラスオオミカミの託宣によるトヨウケノオオカミの神徳、神宝、神領、心御柱、両宮の儀礼などの記事があります。この書の特色は、天地開闢をトヨウケノオオカミから語り始める点です。第四の『宝基本記』は「宝基」、すなわち「かみ」の社についての記述が中心です。忌み言葉、禁忌、神道の定義などの記事があります。第五は『倭姫命世記』です。崇神、垂仁朝の倭姫の事跡が中心となる文献です。

以上の五つはその名のとおり両宮の「かみ」が、そこに「鎮座」するようになった次第（経緯）を伝承する文書というスタイルで書かれています。そして「二所皇太神宮」という言葉を使っているように、内宮と外宮の二所がともに「皇」の字を持つ「皇太神宮」であるという立場で書かれた文献です。この五書は、実際には「皇」字論争に近い時期、すなわち鎌倉中期に外宮の神官によって記されたと考えられますが、この時点では奈良時代以前の成立の社寺縁起つまり、歴史的記録であると主張されています。したがって、内宮の主張の根拠である『日本書紀』よりも古い時代に成立した古記録であるということになるわけです。いずれにせよ「二所皇太神宮」を主張する五つの社寺縁起は、伊勢神宮内部での外宮の地位を上げようとする「外宮」側が作ったものとみることができます。

4 二所皇太神宮を主張する伊勢の社寺縁起の内容

ではどのような理論によって「皇」の字をつける理由を正当化したのでしょうか。ポイントとなる理論を二点紹介します。一つは「幽契《かくれたるちぎり》」、もう一つはクニトコタチノミコトとアメノミナカヌシノミコトを媒介とした、アマテラスオオミカミとトヨウケノオオカミの関係付けです。

1．「幽契」――表はアマテラスオオミカミ、裏はトヨウケノオオカミ

アマテラスオオミカミをまつる伊勢神宮において『日本書紀』（以下『書紀』とする）の記載そのものを否定することはできません。『書紀』を基本として考える場合、『書紀』本文の記述と矛盾する主張をすることはできないわけです。そしてすでに述べたように、アマテラスオオミカミについては

『書紀』に明確な記述がありますが、トヨウケノオオカミについてはほとんど記述がないのです。そこで外宮の五書において展開されるのは、第一に、アマテラスオオミカミとトヨウケノオオカミが、天孫降臨する前に、あらかじめ「幽契」を結んでいたという説明です。『書紀』に記載がないのは「幽《かくれた》」、つまり秘密の約束だったからだというのです。そしてその約束の内容とは、いわば「表」というべき世界はアマテラスオオミカミの子孫である天皇の氏族が統治するが、「裏」の「かみ」の世界はトヨウケノオオカミが担当する、というものです。これが「幽契」です。

2. トヨウケノオオカミ：アメノミナカヌシノミコト（天御中主尊）とアマテラスオオミカミ：クニトコタチノミコト（国常立尊）

「皇」の字をつける理由を正当化する第二番目の理論は、記紀神話の中でアマテラスオオミカミよりもさかのぼる、アメノミナカヌシノミコトとクニトコタチノミコトとの関連付けによって、アマテラスオオミカミとトヨウケノオオカミの本質的関係を説明するというものです。

アメノミナカヌシノミコトというのは、『古事記』では「天地初発之時」つまり天地が初めて分かれた時最初に現れた「かみ」であるとされています。『書紀』本文には登場しませんが、『書紀』第四の一書《あるふみ》（本文に添えられた異伝）ではクニトコタチノミコトと並立して最初に現れる「かみ」です。他方、クニトコタチノミコトというのは、『書紀』本文で最初に現れる「かみ」です。いずれももろもろの「かみ」が高天原に現れる以前の根源的な「かみ」であるということができるでしょう。

　さて、クニトコタチノミコトはいうまでもなく『書紀』からみてアマテラスオオミカミの祖神ですが、五書の一つである『御鎮座本紀』によれば、トヨウケノオオカミはアメノミナカヌシノミコトと同体異名であり、アメノミナカヌシの別名がクニトコタチノミコトであるとされています。よってアマテラスオオミカミの神勅はトヨウケノオオカミと同体であるアメノミナカヌシノミコトの神勅でもある、したがって「天照止由気皇大神《アマテラストユケ》」というのだ、とアマテラスオオミカミとトヨウケノオオカミの一体性を強調しています。ややこしくなってきましたが、もう一度整理すれば、五書によると、クニトコタチノミコトとアメノミナカヌシノミコトが同体、また、アメノミナカヌシノミコトとトヨウケノオオカミが同体とされます。そして、もともと『書紀』によれば、クニトコタチノミコトの子孫がアマテラスオオミカミなので、結局トヨウケノオオカミがアマテラスオオミカミの祖神であるクニトコタチノミコト＝アメノミナカヌシノミコトにもなるのです。そして、アマテラスオオミカミとアメノミナカヌシノミコトのはかりごとによって天皇一族に統治権が与えられたということに、トヨウケノオオカミも関与していたことになるわけです。こういう意味で、トヨウケノオオカミもアマテラスオオミカミもともに「皇太神宮」であるということが主張されているわけです。

※ 右側の□の縦の系列は、いわば血縁的・時系列の系譜である(『日本書紀』による)
※ 網掛けの三柱の「かみ」は実は同体という、血縁や時系列の系譜を超えた説明である(外宮の五書による)

図6-5　外宮の五書による四柱の「かみ」の関係図

そして「幽契」、すなわち人間世界という表の統治が天皇とアマテラスオオミカミのご神体を守る内宮の担当であるのに対し、それ以外の「かみ」の世界を統治するのが外宮であるという分担を説明しているわけです。もちろん、二宮は別々ではなく「二宮一光」、つまり本質的に一体であるというように主張されているわけですが、トヨウケノオオカミがクニトコタチノミコトつまりアマテラスオオミカミよりも根源的な「かみ」と同体であるとされることによって、外宮のトヨウケノオオカミが、アマテラスオオミカミよりも根源的な「かみ」であるという、「かみ」としての優位性の主張にもなっているのです。

5 「皇」字を欲しがる「かみ」

以上のように「二所皇太神宮」を主張する五書によって伊勢の「かみ」をめぐる理論が次第に形成

されていきます。これが後代に「伊勢神道」と呼ばれるものであり、日本の「かみ」についての、僧侶ではなく神職によって作成された、しかも仏教理論を借りない最初の理論化として注目されるわけです。それでは、五書の成立が、「かみ」の発展段階にとってはどのような出来事だったのかを押さえておきたいと思います。

伊勢神宮という一つの神社の中でまつられている「かみ」相互の関係を語るという作業が行われました。それを通して「二所皇太神宮」を主張する五つの社寺縁起が成立し、トヨウケノオオカミという「かみ」が「皇」の字を欲しがり、「皇」の字を正当化したということになります。

『日本書紀』段階においては天皇とは特別に深いかかわりのなかった「かみ」、トヨウケノオオカミにおける「皇」の字の正当化は、第四章で述べた八幡神とは異なる方法ですが、天皇との関係を「語る」ことによる地位の上昇を意味するとみることができます。これはつまり、食物神トヨウケノオオカミの変容発展を意味するといってよいのではないでしょうか。

■■■ まとめ ■■■

本章では、神職による「かみ」についての言説を示す社寺縁起の成立と、伊勢神宮の社寺縁起である五書についてみてきました。内宮にまつられているアマテラスオオミカミについては『日本書紀』に詳しく書かれているのですが、外宮にまつられているトヨウケノオオカミについては明確な記述がありません。その点を補う両宮について述べる文書が、外宮と内宮の争い「皇」字論争をきっかけに作成されました。それが五書の社寺縁起です。この文献の中で、『書紀』には記載されていない事柄を加えます。それは「幽契」と根源的な「かみ」との同体視であり、外宮を内宮と同列に引き上げるという理論です。この理論の作成は外宮の神職にとっては外宮の地位を上げることを目的としたものです。しかし、「かみ」の発展という視点からみれば、トヨウケノオオカミが「皇」字を入手することによって内宮と肩を並べる存在へと発展したことを意味するのです。

さて、「皇」字論争がどうなったかといえば、実をいえば、どちらが勝利したかということはあいまいです。なぜならその後公式に「豊受皇太神宮」が認められたとはいいにくいからです。しかし、トヨウケノオオカミの優位性を主張したはずの五書の伊勢社寺縁起は、時代が下ると外宮のみならず内宮でも重要文献として扱われるようになり、伊勢を代表する古典的神典として扱われるようになります。なぜこのようなことになるのでしょうか。それは、この後五書の解釈によって理論化をはかる外宮の神職たちの文献の中で、次第に五書の中にすでに登場している根源的「かみ」の重要度が増していくからです。その結果トヨウケノオオカミに肩入れするために構築されたはずの外宮の理論が、トヨウケノオオカミとアマテラスオオミカミをともに相対化してしまうような理論に変容発展していくからです。この点について、次章でみていきましょう。

第七章　「かみ」のパンテオンを乗り越え根源神へ

　前章では、神職による「かみ」についての言説を示す社寺縁起の成立と発展、そしてその動きの中から出てきた伊勢神宮の社寺縁起について、伊勢の「かみ」の論を中心に説明しました。伊勢神宮という一つの神社の中での、まつられている「かみ」相互の関係を「語る」という作業を通して、トヨウケノオオカミという「かみ」が「皇」の字を欲しがり、「皇」の字を正当化する理論を構築します。そして、天皇とつながることによって、変容発展したということを述べました。

　ただ、五書におけるトヨウケノオオカミの発展は、単に天皇との関連を主張するにとどまらず、すでにトヨウケノオオカミを中心とする、アマテラスオオミカミよりも根源的な存在であるクニトコタチノミコトとアメノミナカヌシノミコトを登場させることで、根源の「かみ」への志向を示していきます。このことは前章で言及しました。しかし、伊勢の「かみ」についての外宮神職による言説は、五書以降も書き継がれていき、その流れは十四世紀ごろ、根源の「かみ」への志向を中心に集大成されます。本章では、十四世紀成立の『類聚神祇本源《るいじゅうじんぎほんげん》』という外宮神職度会家行《わたらいいえゆき》の編纂した書物を中心に、その発展の内容をみていきます。その中では、アマテラスオオミカミやトヨウケノオオカミであることよりも、根源的な「かみ」であることが強調されるということと、そして伊勢の「かみ」が根源的なものとなったことで「かみ」から人への通路を開いたということをみていきたいと思います。

1 度会家行と『類聚神祇本源』

度会家行（一二五六～？）という人物は鎌倉時代末期から南北朝期の伊勢外宮の神職でした。政治的には伊勢の神職という立場から南朝を支持しましたが、神学者として『神道簡要』、『類聚神祇本源』等を編纂執筆しました。編纂と加えたのは、家行の文書が、五書以来の伊勢外宮に伝承される「かみ」の理論を類聚、つまり集めてまとめてコメントを付すというスタイルで述べられているからです。

『類聚神祇本源』は、一三二〇（元応二）年に完成しています。全十巻で、天地開闢、天神所化、本朝造化、天宮、内宮鎮座、外宮遷座、宝基、形文、心御柱、内宮別宮、神宣、禁誡、神鏡、神道玄義の十四章からなり、神書のみでなく儒教・仏教の典籍を広く用いて神祇の本源を明らかにしようとしています。家行の言説の中でポイントになるのは、神祇の本源についての説と、人についての説です。以下、この二点に絞って説明します。

2　家行の主張の特色

1．神祇の本源

五書や家行の文書の中で「神祇」と呼ばれるのは記紀に書かれる日本古来の「天神地祇《あまつかみくにつかみ》」のことです。「天神」とは「高天原《たかまがはら》」から降臨《こうりん》した「かみ」であり、「地祇」とは「葦原中国《あしはらのなかつくに》」の「かみ」です。多数の「天神地祇」のいるのが「大日本《おおやまと》」というわけですが、そのような「かみ」とはそもそもいかなる存在なのか、「かみ」の本源とは何かということを、家行は、神道玄義編で五書などの文献を引用しつつ示していきます。

家行は五書の一つ『御鎮座本紀』を引用しつつ、天地が分かれる前の混沌のとき「万物之霊」を封じたものが虚無神、大元神であり、それがクニトコタチノミコトであるとします。そしてそれが、「広大の慈悲を発し自在の神力において種々の形をあらわし、種々の心行にしたがって方便利益をなす」、つまり、根源の「かみ」が慈悲やさまざまな形をあらわすというはたらきを示し、人々に利益をなすというのです。これは、五書にもみられる、クニトコタチノミコトが根源の「かみ」であるという説明です。しかし家行は五書の当初の目的であったトヨウケノオオカミの地位を上げるためにトヨウケノオオカミが根源神クニトコタチノミコトと同体であるという主張を超えて、クニトコタチノミコトそのものを強調することによって、虚無神、大元神、つまり根源神そのものを強調する説を展開します。

そもそも『類聚神祇本源』の序文で家行は、五書で重視される「かみ」の中でも「天御中主・国常立尊は寧んぞ大元至妙にあらざるかな」と根源の「かみ」であるアメノミナカヌシノミコト、クニトコタチノミコトにのみ言及し、トヨウケノオオカミやアマテラスオオミカミには触れていません。また、同書の神道玄義編で、天地開闢以前の混沌である「機前」を重視する立場を示し、アマテラスオオミカミやトヨウケノオオカミのような天地開闢以降に次々と生成するとされる「かみがみ」ではなく、「機が興るときに則、生じた」という「遍一切処の元神」、つまり普遍的で根源的な「かみ」を「神祇の本源」として語っています。そして、もろもろの文献の引用によって、この根源の「かみ」がクニトコタチノカミともアメノミナカヌシノミコトとも呼ばれること、そしてクニトコタチノミコトとアメノミナカヌシノミコトは別名一体の存在ということが説明されていきます。

では、家行の理論の中で伊勢神宮にまつられている「かみ」、トヨウケノオオカミやアマテラスオオミカミはどのように位置付けられるのでしょうか。基本的にはアマテラスオオミカミやトヨウケノオオカミは、無相無形、つまり姿かたちのない根源的な「かみ」が、「現れたもの」とされます。そして、アマテラスオオミカミは日神であり、万物の本体となって万物を救うとされます。他方、月天尊であり、水の徳を体現するとされるトヨウケノオオカミ（止由気大神）が、一水の徳によって万物の命を利するとされています。記紀神話においては、太陽の「かみ」であるアマテラスオオミカミと並ぶ月の「かみ」はツクヨミノミコトですから、ここでトヨウケノオオカミが月であるとするのは新しい解釈です。

また、家行の理論では、アメノミナカヌシノミコトとクニトコタチノミコトが根源神として同体であることが強調され、記紀神話の中でクニトコタチノミコト以降に現れる五代の「かみがみ」を水火木金土や、地水火風空といった万物を構成するエレメントであると位置付ける記述がみられます。このような点からすると、家行は、アマテラスオオミカミやトヨウケノオオカミなどの「かみ」については、記紀神話にみられるような現実世界の有力氏族の氏神であるという属性ではなく、世界や万物を構成する「徳」という側面から位置付けようとする傾向があるといってよいと思われます。

とはいえ、家行は伊勢の神職であり、家行の編集した著作は伊勢神宮のための理論ですから、トヨウケノオオカミやアマテラスオオミカミが他のもろもろの「かみ」とは区別されて論じられているところはあります。「豊受宮は天神の始、天照大神は地神の始」というように、伊勢の両宮の「かみ」は、天神地祇の始、いわば、もろもろの「かみ」の根源神であるという位置付けになっています。そういう意味では伊勢の二柱の「かみ」が肩を並べる存在であると同時に、他のもろもろの「かみ」とは別格であることを主張しているということができます。また、「天照皇太神宮」とは両宮の通称であり、「皇御孫尊は天照大神を敬い奉り、天照大神は豊受を敬い奉る」とも述べています。これは、表面上アマテラスオオミカミを表に出して、それが「皇太神宮」であるといっているというこ

記紀神話の説明	家行の説明
※天地開闢以前の「かみ」は説かない	◎天地開闢以前：混沌 **クニトコタチノミコト**＝ アメノミナカヌシノミコト （虚無・大元神・無相無形）
◎天地開闢以降 次々に生成する「かみ」 その七代目：イザナギ・イザナミ ↓ イザナギ・イザナミから 多くの「かみがみ」が化生・生成 最後に**アマテラスオオミカミ（日）・ツクヨミノミコト（月）・スサノヲノミコト（海）**が生成。 トヨウケノオオカミ（穀物）はワクムスヒノミコト（水）から生成	◎天地開闢以降 方便利益して、はたらき・かたちをあらわす ○五代の「かみがみ」：木火土金水の五行 地水火風空の五大 の徳をあらわす ○アマテラスとトヨウケ **アマテラス（日）オオミカミ** と **トヨウケノ（月）オオカミ** 万物の本体となり万物を救う地神の始め ／ 水の徳で万物の命を利する天神の始め ↓　↓ **他の「かみがみ」（天神地祇）生成**
★発生の順序（時系列あり）	★天地開闢以前を説く ★時系列を解体（「かみ」＝徳と解釈） ★記紀とは異なり「トヨウケノオオカミ」の重要度高まる

図 7-1　記紀までの説明と家行の説明対比

とになりますが、「皇太神宮」は外宮も含めた伊勢神宮全体の通称であるとし、さらにアマテラスオオミカミがトヨウケノオオカミを敬うという形を主張していることからすれば、やはりこれは、外宮神官作成の外宮を中心とした理論を継承していることは疑えません。また、トヨウケノオオカミはアメノミナカヌシノミコトと同体である、つまりトヨウケノオオカミのみが根源神であるという五書以来の立場もみて取れます。

　つまり、五書以来の立場も

継承しながら、根源神自体を強調し、トヨウケノオオカミやアマテラスオオミカミを「徳」としてとらえるという位置付けに転換したのが家行の理論であるとみることができるのです。

2. 人と人の道についての説明

家行の、根源神を強調し、トヨウケノオオカミやアマテラスオオミカミのような「かみがみ」を「徳」というはたらきでみていこうという説明は、神書の中で「人」の心や行為について言及する道を開くようになります。これは、本来「人」や「人の道」について論じることがほとんどなかった神書の枠組みからみて新しい発展であると考えられます。家行はこの点についてどのように論を展開したのでしょうか。ここでも家行は基本的に五書などを引用しつつ、自説を展開していきます。

五書では、人は「地神の末」であると語られています。神代には「人心」は清浄であったにもかかわらず、時代が下るにつれて「心神」が黒（きたな）くなり、「心」がやぶれて「神」が去ってしまった、と説明されます。しかし、もともと「人は天下の神物なり」「心はすなわち神明の主たり」「汝ら天地の霊気をうけ、神明の光胤《こういん》をつぐ」といわれるように、人の「心」は「かみ」の「主」なのですから、「心神をやぶるなかれ」（『宝基本記』）「誰かその神心をみだり、誰かその慮をおかさんや」（『御鎮座伝記』）というように、「心」に「神」がとどまるようにすることが大切だと述べられるのです。

この論をさらに展開して家行は以下のように述べています。「心神は天地の本基、身体は五行の化生なり。故に元を元として元の初に入り、本を本として本の心にまかせよ」(『神道簡要』)、すなわち、「心神」が天地の根本のものであり、人の身体は五行という天地のはたらきが形を変えて生まれたものであり、だからその根本のところである「元の元」に入り、もともとあるところの「心」にまかせればよい、というわけです。「元の元」というのは「神祇の本源」のところで述べた大元神と考えてよいと思います。しかしこれではまだ抽象的です。

具体的な実践については五書を引用して、「神垂は祈祷をもって先とし、冥加は正直をもって本とす」(『神道簡要』)と述べます。「祈祷《きとう》」という人の行為が先行して、それに対して「かみ」のはたらきがあり、「かみ」からのはたらきかけは「正直《せいちょく》」ということが根本になっている、という意味です。また、「神を祀るの礼は散斎致斎、内外清浄これなり。……その心に雑念なきを内清浄とし六色の禁法をもって外清浄とす」(『類聚神祇本源』神道玄義編)すなわち、「神」をまつる「礼」は「散斎致斎」つまり、内と外を「清浄」にすること、内の清浄というのは「心」に雑念がないようにすること、外の清浄というのは六種類の戒めをまもることだというのです。

このように、家行は、人が「かみ」をまつるとはどういうことか、「かみ」をまつる礼が何を意味するのかということを、古来の「まつり」において重視されてきた「祈祷」「清浄」「正直」といったことばを駆使しながら述べることで、「かみ」だけではなく、人に注目した言説を展開したのです。

3　根源神への発展

前章で、五書によってトヨウケノオオカミは「皇」の字を正当化する理論を構築し、天皇とのかかわりを主張して地位を上昇させたと述べました。しかし五書に述べられた根源神という理論は、トヨウケノオオカミのみならず、アマテラスオオミカミにとってもさらに重大な意味を持つことになります。すなわち、根源神を中心とし、かみを「徳」という働きからみたということは、トヨウケノオオカミやアマテラスオオミカミという個々の具象的な「かみ」を越えた存在への発展を意味するのではないでしょうか。このことは、またアマテラスオオミカミを中心とする記紀的パンテオンから、アマテラスオオミカミやトヨウケノオオカミを解き放ったとみることもできます。

記紀神話のパンテオンでは、天皇家が政治的力を現実世界で持つ限りにおいて、その中に位置付けられた「かみ」は政治的色を付けられます。しかし、天皇家が力を持たない時代においては、その政治的色は意味がなくなってしまうと考えられます。そこで政治的色のついた記紀神話のパンテオンのくびきを離れた「かみがみ」は、今度は根源神のはたらきである特定の「徳」を意味するものとして位置付けられたのです。このことは、従来の自然現象の神格化としての「かみ」ということも、特定の氏族の氏神ということも離れ、万物に普遍的に広がりを持つ「かみ」というはたらきへの発展だと理解することができると考えられます。

なお、家行の言説は、南北朝時代という、天皇と記紀神話を中心とする世界観によって現実の政治世界が展開しているとは言い難い時代に述べられたものです。つまり天皇家にかかわる「かみ」をまつる伊勢神宮にとって厳しい時代であったといえます。したがって、家行の論の目指すところは「日本国の大廟」である伊勢神宮が「皇帝の宗祖」「万姓の大元」であるから、諸社に異なる尊崇を受けてきたし、これからも受けるべき、という伊勢神宮の重要性を主張することにあるわけです。しかし、現に宮廷祭祀や天皇家が政治的力を失っている時代、アマテラスオオミカミを中心とする古来の神祇秩序を主張しても説得力はなく、現実的な力も生みだしません。そうした時代であるからこそ、伊勢神宮の「かみ」すらも、記紀の世界を離れた普遍性を持ちうる秩序、すなわち万物の根源を志向したと考えることができると思います。

ちなみに、『大和葛城宝山記』という密教系の僧侶が書いた文献の中で、アマテラスオオミカミを根源神に位置付ける試みがなされています。アマテラスオオミカミのみならず他の「かみ」も、それぞれの属性個性からなる、いわば具象的ありようのみではなく、仏教や道教の理論から学びながら、「諸神の根源的なるもの」と同一視させるという言説が、十二世紀ごろから盛んに行われるようになっていたのです。「根源」への志向はトヨウケノオオカミのみではなく、表の政治的世界の変動と対応した、時代に即応した出来事だったと考えられます。

また、もう一つ重要なこととして、家行の論によって「かみ」の根源についての言説が深められ、

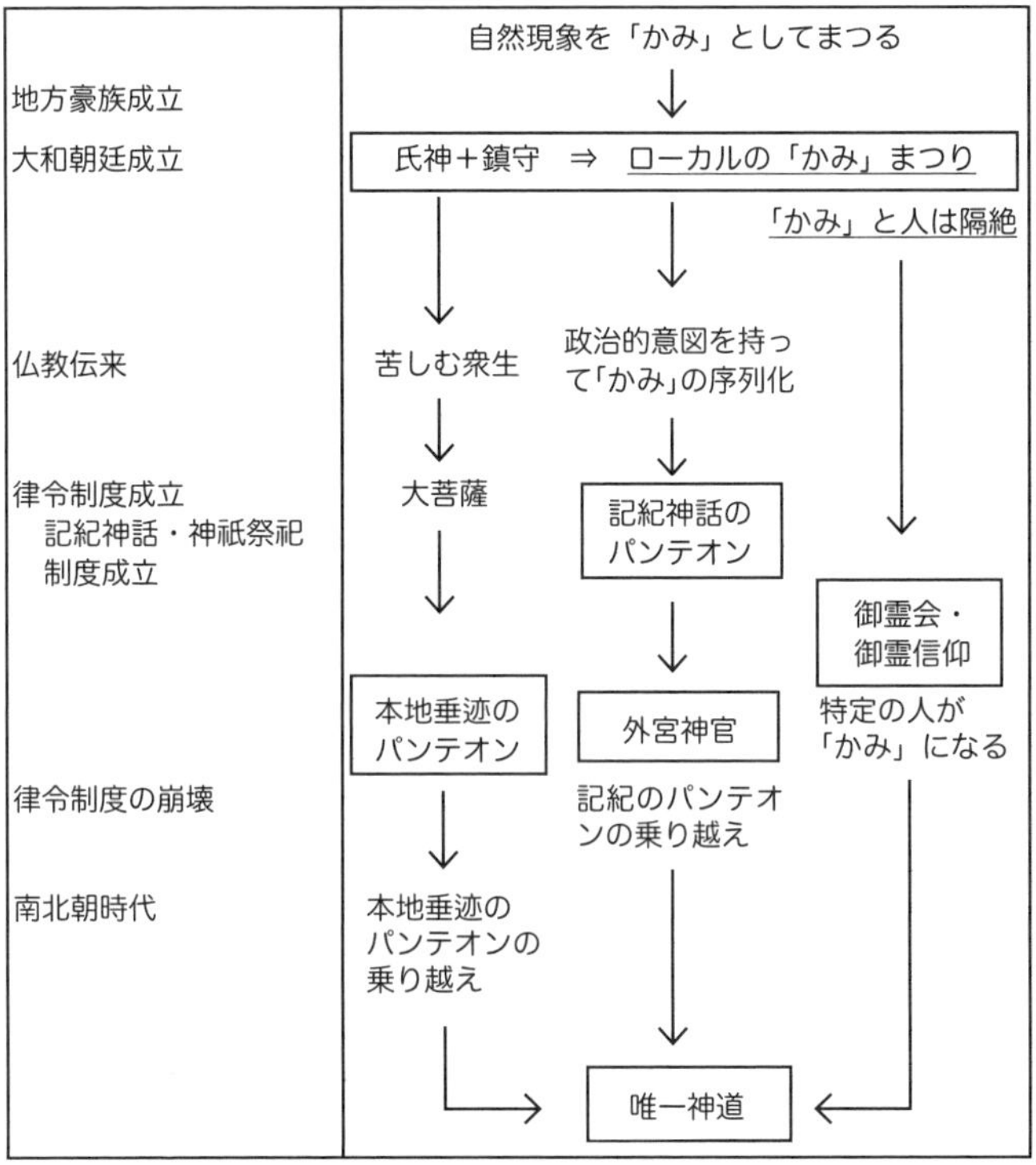

図 7-2　パンテオンの乗り越えの流れ図解

「かみ」とのかかわりにおける人と、「まつり」をするということの意味が与えられたことがあげられます。これはトヨウケノオオカミという「かみ」にとっては、根源神に発展するにとどまらず、「まつるもの」として「まつられるもの」と距離を持った存在であった人の内面＝「心」という存在に出会い、人の内面にかかわる存在に発展したことを意味すると考えることができるでしょう。

まとめ

本章では、伊勢の社寺縁起である五書の立場を継承しつつ、それを発展させた度会家行の理論をみてきました。家行の理論の中では「神祇の本源」ということと人の心と行為へのかかわりを中心に検討しました。家行は、トヨウケノオオカミやアマテラスオオミカミ以上に、もろもろの神祇の根源である大元神を重視します。そのことは外宮の立場からなされてはいるのですが、家行の理論によってトヨウケノオオカミやアマテラスオオミカミはかえって、個々の「かみ」であることから解き放たれ、「徳」を意味するものに発展していきます。また、家行が、根源神を中心として「かみ」について考えたことで、「かみ」との関係における人の心や行為が意義付けられるようになります。これは、「かみ」にとって従来とは異なったものに発展する重要な契機になると考えられます。

次章では、本来、天皇とアマテラスオオミカミを中心とする世界を支える理論を中心としていたはずの伊勢の「かみ」をめぐる言説の中で「かみ」が人の「心」に出会ったということが、何を意味することになるのか、それを天皇の正統性を語ると題する文書、『神皇正統記《じんのうしょうとうき》』を通してみていきたいと思います。

第八章　『神皇正統記』と出会った「かみ」——普遍神へ

第六章と第七章では、神職の言説が、「かみ」の変容発展をもたらしたことを伊勢神宮の社寺縁起を中心にみてきました。伊勢外宮のトヨウケノオオカミは、五書の社寺縁起の中で、「皇」の字を手に入れることによって皇祖神と並ぶ地位へと発展したのみではなく、食物神という一介の「かみ」の座、さらに記紀神話のパンテオンも乗り越えて、すべての「かみ」の根源たる「かみ」へと発展したということを示しました。またそれだけではなく、度会家行の神書において、「かみ」の本源についての言説が深められることで、「かみ」が人の「心」にかかわる存在に発展したということを述べてきました。

そこで本章では、「かみ」が人の「心」に出会ったということが何を意味することになるのかについて、伊勢の神職の言説の流れをくむ、天皇の正統性を語ると題する文書『神皇正統記』を通してみていきたいと思います。この書によれば、天皇の正統性を証する「三種の神器」が、依代としての「もの」であるのみでなく三種の「徳」であるとされ、結果的に、アマテラスオオミカミと天皇氏族との特権的な結び付きを弱めてしまうということを述べていきます。まずは『神皇正統記』の筆者北畠親房《きたばたけちかふさ》と時代背景を確認し、その後にこの書の内容である「神国」と「三種の神器」に注目してその考え方の説明をしていきます。

1 北畠親房と『神皇正統記』成立の背景とその内容

『神皇正統記』の筆者北畠親房（一二九三〜一三五四）は、南北朝時代の人物です。親房は村上源氏の流れをくむ北畠氏の出身であり、和漢の学をもって天皇に仕えた貴族の家系でした。親房自身は、南北朝期の最も重要な天皇である後醍醐天皇の皇子の養育係を任されており、南朝の重臣であったといえましょう。よって北朝との合戦においては軍を率いて戦場に立つこともありましたが、親房は、戦陣の合間を縫って『元元集』という神書や『神皇正統記』などを著しています。親房には史書や儒書についての該博な知識と伊勢外宮の度会氏のもとで学んだ「かみ」についての知識がありました。これらにもとづき、天皇の親政が行われなくなって久しく、南朝の血統をひく天皇の権威の危ぶまれる時代に、後醍醐天皇の皇子のために執筆したのが『神皇正統記』です。

「大日本は神国なり」の一句をもって始まる『神皇正統記』は、神国思想を説く文献としてよく知られています。ただ、親房のいう「神国」は、第二次世界大戦中にその言葉にこめられたような、日本は神の加護があるから外敵をよせつけることはなく無敵であり、日本だけが他国よりも優越している、というような単純な意味ではありません。ではどのような意味なのでしょうか。

2 親房のいう「神国」の意味と古来の「神国」の意味

親房の「神国」は、天皇の御子に対して書かれた文献の中で述べられています。そして「かみ」の子孫である天皇が日本の国土を治めることの正統性を主張しており、その文脈で「神国」といわれていることは確かです。「天祖はじめて基をひらき、日神ながく統を伝給ふ。我国のみ此事あり。異朝にはこのたぐひなし。此故に神国といふ」（『神皇正統記』）というように、この国の初発を天祖、すなわちクニトコタチノミコトが方向付け、日神すなわちアマテラスオオミカミの命令によって天孫である天皇が統治するという形でこの国の形が確定したと主張しています。つまり第一の意味として「神の後裔である天皇の治める国」という意味があることが確認されます。しかし、これは対外的な戦争状態に際して述べられているわけではありませんので、他国との比較において「日本だけが優越する」とか、「無条件に絶対的に日本という国が神に守護されている」ということが述べられているわけではないのです。

むしろ「この国は神国なれば、神道《かんながらのみち》に違ひては一日も日月を戴くまじきいはれなり」というように、神の国であるからこそ、神道に違うことをしては、一日も「かみ」の加護を受けられない、と主張しているのです。つまり日本という国が、「かみ」と人の独特の緊張関係によって統一のなりたっ

大日本　⇒　「神国《かみのくに》」とは？

「この国の初発を天祖（クニノトコタチノミコト）が方向付け日神（アマテラスオオミカミ）の命令によって
皇孫が代々統治する、という形ができている」という意味
（『神皇正統記』より）

↓

× 無条件に「かみ」が守護してくれる

× 無条件に他国より優れている。

↓

○この国は神国なれば、「神道」に違ひては、一日も日月を戴くまじ」
（『神皇正統記』より）
（「かみ」の道に従わないと一日も守護されない）

○託宣のとおりに「かみ」をまつらない天皇
→　死亡
（『日本書紀』より）

○「神の宮を修ひ理めて、神の霊をまつるならば」（宮を整備して「かみ」の「たま」をまつる、という条件付で）
→「国昌盛えるべし」
（『日本書紀』より）

図 8-1　神国の意味

ている国であるということ、「かみ」への「まつり」が優先される国であるから、日本では「かみ」を「まつる」ことを根底においた政策こそが正しく、成功するのであり、「かみ」をないがしろにした国策では、それがいかに合理的でも成功しないという主張なのです。

　実際、親房のいう正しい国策とは、「かみ」の後裔である天皇の親政と、天孫降臨のときに皇孫を助けるべく定められているアメノコヤネノミコトの子孫である自らの氏族が補佐するという、いわば摂関体制なのですが、それはともかくとして、「神国」の意味に注目するならば、「かみ」の道と違っては「かみ」に守護されない、という意味がここに示されているといっ

てよいでしょう。

ちなみに、このような「神国」についての考えは、親房のみのものではありません。たとえば、すでに第一章で紹介したように、『書紀』の「神功皇后摂政前紀」には、第十四代仲哀天皇が、「かみ」の託宣を聞かず託宣のとおりに「かみ」をまつらなかったために亡くなったという記事があります。また同じく『書紀』欽明天皇十六年の記事に、「かみ」をまつらない国は滅びてしまい、「神の宮を修ひ理《おさ》めて、神の霊をまつるならば国昌盛えるべし」とあります。国の盛衰と「かみまつり」の有無が対応関係にあることが示されています。また「日本は神国なり。神は非礼をうけたまわず」（『平家物語』）、「わが朝は神国の権柄武士の手に入り、王道仁政の裁断　夷狄の眦《まなじり》に掛りしを嘆きしか」（『太平記』）などとあるように、「日本が神国」であるからこそ、「王道仁政」という「礼」がつくされない武士による治政に対しては好ましくないと述べられているのです。

このように「日本は神国」というとき、単純に「かみ」が無条件に擁護してくれる無敵の国ということではなく、「かみ」に対する正しい「礼」にもとづく応援が大切という意味が含まれてきたのですが、親房もその流れをふまえて、日本は「神国」なるがゆえに「神道《かんながらのみち》」を正しく行うべきだと主張をしているということは押さえておくべきでしょう。

3 「三種の神器」から三種の「徳」へ

さて、親房は前記の「神国」の理解を前提にしつつ、基本的には南朝の天皇の正統性を説くために『神皇正統記』を執筆しているのですから、天皇の統治の正統性の証について語らなければならない立場です。親房の時点における天皇の統治の正統性を証するものとは、いわゆる「三種の神器（三種の神宝《かんだから》）」と呼ばれるものでした。「神器」とは、「かみ」の依代の意味で、三種とは、皇位継承の際に伝えられるヤタノ鏡、アメノムラクモノ剣、ヤサカニノ曲玉《まがたま》の三つです。『古語拾遺』、記紀の伝承にもとづく理解においては、天照大神の御魂代《みたましろ》つまり、依代として代々この世を統治する天皇がいつでも天照大神と一緒にいられるように、天照大神が皇祖ニニギノミコトに授けられたとされています。ですから当初は三種とも皇居の中にあったのですが、崇神天皇の時代に鏡と剣は皇居の外に出され、のちに鏡は伊勢へ、剣は尾張の熱田神宮にまつられるようになったとされています。この「三種の神器」が即位の絶対条件では必ずしもないのですが、これらを所持することが中世においては皇位の正統性を証するものとされていました。しかし、南北朝時代の北朝の天皇の手元にはありませんでした。ここにおいて親房が、南朝の天皇こそが正統であることを主張するために、「三種の神器」の重要性を主張します。しかし、さらに重要なのは、その際三種の神器とは「もの」であるのみでなく、そのものに託された「徳」であると述べたことです。

「三種につきたる神勅は正く国をたもちたまふべき道なるべし。鏡は一物もたくはへず、私のこころなくして万象をてらすに是非善悪のすがたあらはれずということなし。其のすがたにしたがひて感応するを徳とす。これ正直の本源なり。玉は柔相善順を徳とす、慈悲の本源なり。剣は剛利決断を徳とす。智慧の本源なり。此三徳をあわせうけずしては天下のをさまらんことまことにかたかるべし」（『神皇正統記』）とあるように、親房は、「三種の神器」として伝承されるアマテラスオオミカミから与えられた命令（神勅）は、この国を正しく統治して保っていくことであり、その具体的仕方が「正直」、「慈悲」、「智慧」という三つの徳目であるとします。三種の神器が象徴するものは、いわば、天皇たるものが、心に備えるべき徳目なのです。そして天皇たるものが、この三つを持ち国を正しく保つことが「この国は神国なれば、神道に違ひては一日も日月を戴くまじきいはれなり」といわれる「神道」であると説明されているのです。

4　普遍神への発展

従来、神器にやどるアマテラスオオミカミと「三種の神器」という依代である「もの」によって、「神の後裔である天皇」の特権的な「かみ」とのつながりを証明してきたのが、『書紀』を中心とする「かみ」と天皇をめぐる言説でした。しかし、親房は、アマテラスオオミカミの「みたま」と依代である「もの」そのものが統治権の証ということから一歩進んで、「神器」の象徴するものは三つの徳目、すなわち為政者の「心」の問題であると述べてしまいました。このことは、はからずも親房の意図を越えた意味を持ちます。「神の後裔である天皇」の特権的な「かみ」とのつながりが、逆に失われる可能性が出てきてしまったのです。なぜなら「神器」の象徴するものが徳目であるならば、逆にその徳目を内心に保っているものが、「かみ」への礼をつくして正しく国をまもる神道を行うことができる、というように理解することもできるからです。

また、親房の「かみ」をめぐる言説は、第六章、第七章で述べた「かみ」とは根源神であるとし、その「かみ」の本源を人の「心」に関連付けた伊勢神職による「かみ」をめぐる言説を継承しています。「かみ」が根源神であるという理論は、すでに具象的な「かみ」と特定氏族との血縁的なつながりを強調せず、万物に普遍的に広がりを持つ、根源神の「徳」すなわち「はたらき」という面を示していました。また、根源神として語られる「かみ」は「心」という形で人と関係付けられていましたので、三種の神器にやどるアマテラスオオミカミの「みたま」を、「徳」の問題として考える前提となっているとみてよいでしょう。

こうした伊勢の神職の理論を前提として親房の理論をみてみるならば、神器の所持のみではなく、「徳」の所持が重要であると述べてしまったことは、「かみ」にとっていかなる意味があるのでしょうか。神器にかかわる「かみ」であるアマテラスオオミカミにとって、血縁としての天皇氏族とのつながりと神器という依代から、完全に離れたものへと発展することを意味してしまったとみることが

日（太陽）の「かみ」アマテラス	←自然現象への畏怖にもとづく「かみ」まつり
↓	
大和朝廷の大王《おおきみ》の氏神（①）	←特定の氏族との結び付き
↓	
日本国の鎮守へ（②）	←その氏族が政治権力を持ち、支配領域広がる
↓	
皇祖神アマテラス……①＋②＋③ 記紀のパンテオン＝権威付け	←血縁（皇孫）・依代（三種の神器）・神勅（アマテラスオオミカミよりの命令）による特権性の主張（③）
↓	他の「かみ」との関係における相対的優位性の主張
根源神アマテラス ……天地開闢以前・諸の「かみ」に先行する、根源的存在 （『大和葛城宝山記』より）	←外の「かみ」との関係性における、根源性・絶対的優位性の主張（③を強調しない）
↓	
「三種の神器」は、「正直・智慧・慈悲の徳」の象徴 （『神皇正統記』より）	→「皇孫（血縁）」の証であり、アマテラスオオミカミの依代という「モノ」を離れる
↓	
普遍神アマテラスへ	←特定の氏族（天皇）との結び付きも離れる！？

図 8-2　アマテラスオオミカミの発展

できます。こうした特定氏族とのつながりからの解放は、しかし、アマテラスオオミカミという「かみ」にとっては、むしろ特定の氏族に限定されない普遍的な「かみ」、つまり普遍宗教の「かみ」への発展の契機であったとみることもできるのではないでしょうか。

■■■まとめ■■■

本章では、親房の「神国」と「三種の神器」の理論を中心に、アマテラスオオミカミと天皇氏族とのかかわりの変容をみてきました。親房は天皇が「かみ」を正しくまつることで、この国が治まるという「神国」の主張をし、南朝の天皇による親政を行うことの正統性を主張していきます。そういう政治的思想的立場に立って南朝の天皇を守り、南北朝の動乱を戦っていったのが親房でした。したがって親房の「三種の神器」に対する解釈は、いうまでもなく天皇の支配の正統性を主張するために持ち出されたものです。しかし、「三種の神器」が象徴するものは「正直、慈悲、智慧の徳」であるという親房の主張は、むしろ、アマテラスオオミカミを天皇氏族との特権的なつながりから解放するような方向性を持っていたのです。

以上第六章から第八章まで、伊勢の神職とその流れをくむ言説を中心として、それらの言説を契機とする「かみ」の発展についてみてきました。次章では第八章の言説からは時代がさかのぼりますが、伊勢をめぐる言説とは別の、「かみ」が人と出会って変容発展する形についてみていきたいと思います。

Ⅳ　人と出会って発展する「かみ」

第九章　人の「たま」が「かみ」としてまつられること——御霊信仰

　第八章では伊勢神宮をめぐる言説のいきつくところとして、「かみ」の根源を人の心と関連付ける理論を紹介し、その次に「三種の神器」の所持のみが重要なのではなく三種の徳目の所持が重要であると述べた親房の言説の登場が、アマテラスオオミカミという「かみ」を普遍神へと発展させることを意味し得ると述べました。

　本章では、天皇と記紀神話をめぐる世界を契機とすることなく、伊勢の神職たちのような思索を経ることもなく、「かみ」が人と接近するケース、つまり人の「たま」が「かみ」としてまつられるという現象である「御霊信仰《ごりょう》」についてみてみたいと思います。

　なお、本章の話題は、前章で述べた南北朝時代よりはだいぶさかのぼったところから始まります。御霊信仰を代表する現象である御霊会《ごりょうえ》が初めて行われたとの記事がみられるのは八世紀ですが、本章は、御霊信仰以前の「かみ」や人の「たま」理解についてまず確認し、それから御霊信仰とはどのような現象であったのか、御霊信仰以後はどうなったのかという順に述べていきたいと思います。

1 御霊信仰以前――「かみ」と「たま」

もともと「かみ」とは目にみえない存在であり、その「かみ」の超自然的な発動の源を「たま」といい、その発動の性質に応じて、「かみ」には「和魂《にぎみたま》」、「荒魂《あらみたま》」、「幸魂《さきみたま》」、「奇魂《くしみたま》」の四種があるとされています。「和魂」とは、人に恵みをもたらすようなはたらき全般を指します。「荒魂」は人に危害を加えるような荒々しいはたらきを指します。「幸魂」とは「和魂」の中で、とくに人を幸いにするようなはたらきを指します。「奇魂」は「和魂」の中の、とくに不思議なはたらきを指します。

また、「かみ」は怪異現象やお告げによって人にはたらきかけ、特別な意向を示すとされています。その「かみ」による告げ知らせのはたらきが「たたり」と呼ばれます。たとえばある事例では、疫病が蔓延し、その原因を占うと大物主神の「たたり」だということです。そして大物主神は自らの子孫によってまつられることを求めているということが託宣によって明らかになります。つまりこの場合の疫病という「たたり」は、大物主神が「まつられたい」という意向を子孫に告げ知らせるための人へのはたらきかけであったということになります。そしてこの「かみ」をまつると疫病すなわち「たたり」はなくなったということです。このような人を屈服させるような特異な現象は、「かみ」のはたらきの中の「荒魂」のはたらきと考えられました。以上が「かみ」の「たま」とそのはたらきの基本です。

他方、八世紀前半成立の『日本書紀』、『古事記』、『万葉集』によれば、人にも「たま」がやどっているると信じられており、それを活性化する「たまふり」、身体から遊離しないようにさせる「たましずめ」というような鎮魂儀礼が行われていたことが知られます。しかし、『日本書紀』『古事記』『万葉集』には、人の死霊の「たたり」に関する記事はありません。つまりこれらの文献の中では、人の「たま」は「かみ」の「たま」のように能動的にはたらくとは考えられていなかったのです。

なお、本書の第一章で「氏神」という祖先神への「まつり」について紹介しましたが、日本の古い時代の氏神の「まつり」では、血縁的先祖のすべてが「まつり」の対象に含まれていたわけではありません。つまり「かみ」ではない祖先は「まつり」の対象になっていませんでした。それは皇室でも同様で、皇祖神であるアマテラスオオミカミは伊勢神宮でまつられていましたが、中国には存在する歴代の王達をまつる宗廟制は日本では導入していませんでしたので、アマテラスオオミカミと現在の天皇の間をつなぐ歴代天皇たちは「かみ」としてまつられてはいなかったのです。つまり「かみ」と人は、天皇家においてすら、はっきりと区別されていたのです。

この状況に変化をもたらしたのは、八世紀半ば、律令制度とともに中国からもたらされた中国式の霊魂観です。中国式霊魂観とは、人が死んで肉体は亡んでもその魂魄《こんぱく》は存在し、人の死霊は子孫によってまつられれば祖霊として子孫を守りますが、まつられなければこの世をさまよい、災厄をなす恐ろしい存在「人鬼」になるというものです。このような発想を持つ儀礼や文書が律令制度とともにもたらされたことで、死んだ人の「たま」である亡魂や死霊の存在を認める記述が日本の文献『続日本紀』、『日本霊異記《りょういき》』などに登場するようになります。また、中国仏教ではこうした中国式霊魂観にもとづく死者供養のための仏教式儀礼も行われているので、中国を経由した仏教儀礼を導入したことも、こうした霊魂観の日本への定着を促進したと考えられます。

平安期の文学作品『源氏物語』などには、死霊のみならず生霊も登場し、人の「たま」の存在が信じられていたことがうかがわれます。ただ当初はまだ、人の「たま」を、「かみ」としてまつるということは行われていませんでした。人の「たま」は、何らかの積極的はたらきを持つとはいえ世間にまで影響を及ぼす「かみ」の「たま」とは異なるものと扱われています。生霊や死霊となって現れるときは、他者に災いをもたらすものとして、密教僧、陰陽師らによる調伏《ちょうぶく》の対象になることも多かったようです。

こうした状況の中で、八世紀半ごろから特定の人の「たま」を御霊として、「かみ」のようにまつる新しい儀式が登場します。それが御霊会です。

2　御霊信仰と御霊会

「御霊」とは、単に人の「たま」一般のことではなく、この世に深い恨みを残して非業の死をとげた者のさまよえる霊《たま》のことです。そして御霊信仰とは、疫病や飢饉、落雷などの災害を、この世に深い恨みを残して非業の死をとげた者のさまよえる霊（御霊）のしわざであると考え、死霊を慰めまつることによって社会の安寧を回復しようとする「まつり」のことです。そして、特定の死者の「たま」を「御霊」として行う「まつり」を御霊会といいます。

御霊信仰の特色は、神職や僧侶がつくった理論ではなく、朝廷が政治的意図をもって始めた行事でもなく、民間から自然発生した「まつり」であるということです。八、九世紀ごろから、疫病や飢饉、落雷などの災害に際して、その災異のおこる前に生じた政治的敗者の「たま」のしわざであるという風聞がおこり、その死霊を慰めるために「まつり」が行われるようになりました。

八世紀といえば、政治的社会的に不安定で、平城京から長岡京をへて桓武天皇により平安京へ遷都が行われた時期です。平安京での桓武政権が安定するまでに政敵として追い落とされた者たちも多く、平安時代の初頭においては井上内親王、早良《さわら》親王ら政治的敗者の恨みを持った死霊への恐れが高まっていたと考えられます。そうした際に飢饉や疫病の流行が重なったわけです。律令制度とともに持ち込まれた中国の天命思想によれば、社会不安や天災・疫病の流行は皇帝の統治に対する天からの譴責《けんせき》であるという、個人的な恐怖を超えた道徳的・社会的意味を持っていました。よって飢饉や疫病が流行る現状は、桓武天皇の権力の正当性への指弾であると考えられたわけです。そうした中で、桓武天皇自身、敗死者である早良親王に「崇道《すどう》天皇」の号を贈るなど公的な名誉回復に努めたり、読経を行うなど政敵であった者たちの霊の慰撫に努めていました。

こうした、早良親王らの恨みを持つ死霊のたたりで疫病や飢饉などが生じるのだという考えが民衆の間にも広まり、死霊を慰めるため「御霊」として「まつり」を行わねばならないとして実行されたのが御霊会です。古来疫病や天災は「かみ」の「たたり」と考えられてきたわけですから、疫病や天災をおこす力のあるような「たま」は人であっても「御霊」として「かみ」のように「まつり」を行わなければならないとされたと考えられます。

この「まつり」は京の町の行事として次第に定着し、疫病や天災のあるごとに御霊会が催され、巫女によってどの霊によるか特定され、その霊が御霊としてまつられるようになっていきます。京都の祇園祭なども、もとはといえば「祇園御霊会」です。のちに御霊は特定の人の「たま」というよりも、牛頭天王《ごずてんのう》、疱瘡神《ほうそうしん》という疫病を神格化した「かみ」に変容発展していくようにもなりますが、当初は具体的な特定の人の霊を鎮めるための「まつり」でした。

また、貞観五（八六三）年には初めての朝廷主催の御霊会も行われ、当時の御霊会のもようが記録されています。『三代実録』五月二十日条によれば、とくに六柱の霊が御霊として明記されています。「いわゆる御霊とは、崇道天皇、伊予親王、藤原夫人および観察使（藤原仲成）、橘逸勢《たちばなのはやなり》、文室宮田麻呂《ふんやのみやたまろ》等、これなり。並びに事に坐《つらな》りて誅せられ、冤魂《えんこん》厲《おに》を成す」というわけです。

なお、政治的敗者が、災厄をおこしている御霊としてまつられるわけですから、こののち、政治的闘争ごとに御霊の数が増えていきます。また、疫病や天災のあるごとに御霊＝疫病神をまつる御霊会を行うことが一般化していきます。

3 「かみ」としてまつられる御霊たち

1．八〜十世紀の御霊と御霊神社

御霊たちに対し、御霊会が臨時的に行われるのみでとどまったのかといえば、そういうわけではありません。その一部は、御霊神社と呼ばれる神社で「かみ」としてまつられるようになります。たとえば九世紀に京都につくられた上御霊神社、下御霊神社には崇道天皇、井上内親王、早良親王、他戸親王、伊予親王、藤原夫人、橘逸勢、文室宮田麻呂らの各八柱の御霊がまつられています。

図 9-1　御霊神社　本殿

また、現在に至るまで全国各地に勧請され多大な崇拝者を持つ「天神」をまつる天満宮も、御霊神社の一種です。そこでは十世紀に政治的に敗死した官僚貴族、菅原道真（八四五〜九〇三）の御霊がまつられているのです。では、人が御霊としてまつられ、神社をかまえるまでのプロセスを、道真を例として少し詳しくみてみましょう。

菅原道真は、貴族としては名族の出ではなかったのですが非常に能力の高い人物で、自分の才覚で、貴族として第二の地位といえる右大臣にまで出世しました。これが当時権勢を誇っていた藤原氏に嫌われ、藤原時平によって謀反の嫌疑で陥れられてしまい、九州太宰府に幽閉されました。そして二年後の九〇三年に無念のうちに獄死してしまいます。しかし道真の死後、毎年のように旱ばつ、疫病が続き、皇居に雷がおちるなどの天変地異がおこります。とくに道真を陥れた当事者である時平をはじめ、天皇、皇太子などが次々に不慮の死を遂げるに至って、道真の霊のたたりという説が出てきます。そこで道真の御霊を鎮める御霊会が行われるようになりますが、天変地異はおさまりません。そこに、天慶五（九四二）年右京七条にすむ巫女多治比文子《たじひのあやこ》と、もう一人近江の国の禰宜神良種《みわよしたね》の子太郎丸に同時に、道真の御霊に神殿を設けてまつるようにとの託宣があります。そこで天暦元（九四七）年京都北野の地に神殿を設けて道真をまつるようになったのが、北野天満宮です。道真の御霊は「天満大自在天神」の称号を受け、篤くまつられるようになりました。神殿をかまえてまつられるようになったあとの天神は、たたりかみの様相を翻して、人々への御利益の大きい「かみ」として、崇拝者を増やし、道真の流刑地太宰府をはじめとして各地に勧請され、現在でも多数の天満宮が日本各地に存在しています。

2. 中世の御霊信仰とその後

さて、御霊会の開催と御霊神社の創建は、その後どのような展開をみせるでしょうか。御霊は恨みを呑んで死んだ政治的敗者ということですので、すでに述べたようにそのような政治的騒乱のたびに中世においては御霊の数は増えていくのはただちに想定できます。しかしすべての政治的敗者が「神社」にまつられて「御霊」となるわけではなく、その死後、疫病などがおこり、それに対してその人の霊の「たたり」であると特定された場合のみです。中世の御霊の中で著名なのは、さまざまな物語でも取り上げられる保元の乱の敗者崇徳上皇です。そのほか、かたき討ちで有名な曾我兄弟や楠木正成なども、御霊としてまつられています。しかし最もさかんに御霊会が行われたのは、菅原道真のまつられた十世紀でしょう。そして応仁の乱（一四六七〜七七）ごろにはほとんど、御霊会は行われなくなります。

この時期を境とする理由としては、戦国時代に入り、不遇の死を遂げた死霊が多くなりすぎたということ、そして体制が崩壊し、どちらが「勝者」かもわからない状態になったことが一因と考えられるでしょう。この時期以降、戦死者の鎮魂は、特定の「霊」のためではなく、「無縁霊」をまとめて供養されるようになっていくのです。

4 人の領域に進出した「かみ」

本章では、人の「たま」が「かみ」としてまつられる、という現象についてみてきました。この御霊信仰と呼びうる現象は、八〜十世紀までに隆盛し、応仁の乱のころまでには沈静化してしまいます。そしてのちに恨みを呑んで死んだ御霊への信仰ではなく、勝者である英雄神や一般人の死後の「たま」を祖霊神としてまつる形へと展開していくのですが、そうした発想の前提には次章の吉田兼倶《かねとも》の理論が必要ですので、その点については次章に譲り、ここでは、御霊信仰が「かみ」にとってはいかなる出来事であったのかを考えておきたいと思います。

御霊信仰の登場は、人の側からみれば、人が「かみ」と並ぶ地位を獲得していくことを意味するという面があるかもしれません。しかし人は人のままでまつられる存在となったわけではなく、人の「たま」が「みたま（御霊）」すなわち「かみ」の「たま」に発展するとき、「かみ」としてまつられたのだということを見落としてはならないと思います。つまり、御霊信仰とは、人の「たま」が「みたま」に発展しうる存在であるということが示された現象であったといえると考えられます。

他方、「かみ」の側からみた場合、この現象は「かみ」の領域を広げる出来事であったとみることができます。古来日本の「かみ」は人とは隔絶された存在でした。第一章で述べたように、「かみ」としては、自然現象のみではなく、動物も植物も含まれているのに、人のみが「かみ」から除外されていたわけです。しかし、御霊信仰の登場は「かみ」が人の領域に広がったと考えることができます。あるいは仏教と出会い、あるいは天皇と『書紀』をめぐる世界と出会って発展したように、今度は人と出会った「かみ」は、人の領域へと拡張したあり方へと変容発展したことを意味すると考えられるのです。

	「たま」	「たたり」	かみまつり
「かみ」	あり（和魂・荒魂・幸魂・奇魂）	あり（四魂のはたらきにより、さまざまな「告げ知らせ」になる）	あり
人	あり	なし	なし

※「氏神」というときも、天皇を含め、代々の祖先の死霊をまつることはなかった。

つまり、**「かみ」** と **人は断絶している**

↓

中国式霊魂観

・人の死霊をまつらないと
→「人鬼」となってたたる

・人の死霊をまつると
→子孫を守護する

↓

人の「たま」も能動的に動く
「死霊」「生霊」が人にはたらきかける
という理解広まる

⇒ただし、「かみ」としてはまつらない・「調伏」の対象。

↓

8世紀～10世紀　人の「たま」の中でも恨みを持って非業の死をとげたものの「たま」が疫病・飢饉・落雷などおこす

⇒ **御霊会を行うようになる**
⇒ **御霊神社でまつるようになる**
⇒ 菅原道真の「北野天満宮」など個々の「人」の「たま」が特定の神社でまつられるようになる。

つまり、**特定の人の「たま」が、「かみ」としてまつられるようになった**

※ただし、すべての人の「たま」が、そのまま「かみ」というわけではないので注意！！

図 9-2 「かみ」の「たま」と人の「たま」の発展（まとめ）

■■■ まとめ ■■■

そもそも人とは全く異なる超人的な力を持つものが「かみ」と呼ばれたのでした。しかし、特殊なケースで恨みを持って死んだという理由があるにせよ、人の「たま」が、はじめて「かみ」としてまつられることになりました。これが御霊信仰です。そのことを可能にしたものは、中国式霊魂観による人の「たま」をまつる習慣の導入と、「かみ」も人も同じく「たま」を持つ存在であり、その違いは「たま」の力の大小にすぎないという発想の登場でした。御霊会が発展して御霊神社がつくられ、定期的に御霊会が行われるようになりますが、応仁の乱のころには沈静化します。この御霊信仰の登場は、人の「たま」が「みたま」に発展しうる存在であるということを意味するものであり、人の領域に「かみ」が進出したということを意味する現象であったのです。

以上をふまえて次章では、より明確に人と「かみ」を関係付けた吉田兼倶という神官の理論、吉田神道を紹介しながら、「かみ」のさらなる発展についてみていきたいと思います。

第十章　「心」と出会った「かみ」——吉田の「唯一神道」

第九章では、御霊信仰という人の「たま」が「みたま」に発展しうる存在であるということを示す現象について述べました。これは「かみ」が人の領域へと拡張したあり方へと変容発展したということを意味すると考えられます。本章では、より明確に人と「かみ」を関係付けた吉田兼倶という神職の理論を紹介しながら、「かみ」と人の関連付けのさらなる展開についてみていきたいと思います。

兼倶は「大元尊神」に対する「まつり」をするということと、すべての「かみ」に関する言説を総括する「唯一神道」を主張します。そして人の根源も「神道」であるとし、「我即神」の「まつり」を行うようになるのです。また人のみではなく万物万象が「神道」によって生きているのであり、万物万象の「心」が「かみ」であるという提言をします。しかし、兼倶のいう「神道」は、あくまでも現代語の意味とは異なることに注意を払わなければなりません。なぜならば兼倶の「神道」は根源的なはたらきを意味するからです。

本章では、具体的には、まず吉田兼倶という人物と時代背景、業績を紹介したうえで、兼倶の「唯一神道」「大元尊神」「我即神」の理論とその意義をみていく、という流れで述べていきます。

1　吉田兼倶の出自とその時代

吉田兼倶（一四三五～一五一一）が活躍したのはいわゆる戦国時代、応仁・文明の乱（一四六七～七七）に伴う混乱期です。このころ朝廷は衰退し、一四六四年の後土御門天皇以来、天皇の即位儀礼である大嘗祭のような宮廷祭祀の中断という未曽有の事態が出来していました。また古代以来の神社を支える制度が崩壊し、諸社の経済的基盤が失われ、神職不在の荒廃した神社も多く現れていました。とくに伊勢神宮は王朝勢力の復活をもとめる南朝と連なっていたことで、南朝の敗北による旧勢力の没落とともに急速にその影響力を弱め、農民や商工業者の現世利益的要求にこたえる存在になっていました。

このような時代に生まれた吉田兼倶は、吉田神社の社家を家職とする吉田卜部《うらべ》家の出身です。卜部氏は平麻呂（八〇七～八一）を祖とし、代々朝廷に仕えた氏族の一つで、亀卜《きぼく》を行ったといい

図 10-1　吉田神社　本宮

ます。当初は神祇伯として中臣氏の部民でしたが、のちに独立し、古典と故実を相伝し「日本紀（日本書紀）の家」となり、学問をもって朝廷に仕えるようになっていました。なお、『徒然草』で有名な吉田兼好（一二八三〜一三五二?）も吉田卜部の一族です。

吉田神社は春日神社の分社で藤原北家の氏神であったことから、卜部氏は平安時代には藤原氏につらなって勢力を伸ばしました。しかし兼倶の時代には、朝廷と藤原氏が勢力を失ったのと対応して勢力を弱めており、のみならず兼倶が家を継いだ直後、応仁の乱によって吉田神社まで焼失するというありさまでした。こうした中で、兼倶は吉田神社の復興とともに諸国の「かみ」の「まつり」や諸社の復興をかけて、従来の「まつり」や「かみ」についての言説を整理したうえで、「かみ」についての考え方、「まつり」の仕方から人の在り方に至る新しい理論体系を構築します。そして自ら「唯一神道」と名付けた理論を展開したのです。

2 兼倶の業績

兼倶は単に理論をつくっただけではありません。では兼倶は何をしたのか。注目すべきこととして「斎場所大元宮」の設立、「神祇管領長上」の制定、神祇儀礼の整備、『唯一神道名法要集』をはじめとする神書の執筆の四点があげられます。

まず、第一は「斎場所大元宮」の設立です。一四八四年、室町八代将軍足利義政の正室、日野富子

（一四四〇〜一四九六）の援助を受けて、吉田山に「斎場所大元宮」という奉祭場をつくります。そこに伊勢を含む全国のあらゆる「かみ」を勧請し、神武天皇以来の全国神社の根源と主張しました。従来は特定の神社の「かみ」の「まつり」を担当するのが神職ですから、諸社にまつられているすべての「かみ」を統括し「かみ」の根源に対して「まつり」を行う場をつくったというのは画期的なことでした。このすべての「かみ」の中にはいうまでもなく伊勢神宮の「かみ」も、宮中にまつられている「かみ」も入っていたわけですが、伊勢の神職や朝廷が、兼倶のこのような僭越なふるまいを許すとは考えられません。しかし、いかんせん朝廷も伊勢神宮も政治的経済的に勢力を失っていたため実質的には黙認せざるを得なかったわけです。

それに対し吉田家では室町幕府のバックアップをうけて兼倶以降も勢力拡大した結果、一五九〇年には天皇の勅によって宮中八神殿を吉田神社内後方に奉遷し、兼倶の子孫吉田兼見が奉仕して鎮魂祭を行いました。また慶長一四（一六〇九）年さらに勅をうけて伊勢の例幣使の儀礼もおさめ、全国の

図 10-2　吉田神社　大元宮

「かみ」の「まつり」が名実ともに行われるようになり、この状態が明治四（一八七〇）年まで二六一年間継続することになるのです。

第二に兼倶が自ら「神祇管領長上」と名乗ったことです。これは全国諸社の「根源」をまつる吉田家が諸社の神官の頂点に立つということを意味しています。このような役職は従来存在しなかったのですが、兼倶は「宗源宣旨」、「神道裁許状」などを組織化し、地方の神社に神位を授け、また神職の装束その他を許可する権限を幕府から与えられました。つまり事実上、諸社の神官を支配し得る立場に立ったわけです。吉田家は足利氏のみならず徳川氏にもこの立場を認められ、江戸期を通じて神職を統括する立場を継続し、神道界に大きな力を有しました。

第三に「まつり」の整備です。「斎場所大元宮」が従来は存在しなかった「かみ」の根源、万物の根源をまつる場所なのですから、歴史的伝統的儀礼では不十分です。そこで万物の根源に対する独自の「まつり」を生み出しました。たとえば「斎場所大元宮」には建築史的にも画期的な八角形のやしろがつくられ、無名無形の根源神が目に見える世界に現れたものを「まつる」という新たな「まつり」を行いました。詳細は省略しますが、十八神道行事、宗源神道行事、神道護摩行事という「三壇行事」など特異な「まつり」を編み出しました。

第四に『唯一神道名法要集』、『神道大意』などを著し、従来の「かみ」への「まつり」を整理して自らの立場を根本的なものとして位置付けたことです。その内容については次節にゆずります。

以上述べた四点をみていただくのみでも、兼倶の果たしたことが非常に影響力のある出来事であったことがおわかりいただけるでしょう。

3　『唯一神道名法要集』における兼倶の主張

では、兼倶はどのような理論を展開しているのでしょうか。内容は多岐にわたり詳細に構築されているのですが、以下『唯一神道名法要集』における元本宗源神道、大元尊神《だいげんそんしん》、「我即神」の「まつり」の三点に絞って紹介します。

1．元本宗源神道

兼倶は「神道」について総合的に分別と定義作業を行います。まず従来の「まつり」とそれをめぐる言説のうち、諸社の創立の由来、由緒、縁起、祭式などにかかわるものを「本迹縁起ノ神道」と兼倶は分類します。本書で紹介されたものでいえば、八幡神にかかわる言説や「まつり」、伊勢外宮神官による社寺縁起などがここに入ります。そして仏教の理論と関連付けるような「かみ」についての言説は、「両部習合神道」と分類します。本地垂迹説や比叡山の僧侶の言説がそこに含まれます。そして、自らの立場を「元本宗源《げんぽんそうげん》ノ神道」とし、それは我が国開闢《かいびゃく》以来の「唯一神道」であるというのです。つまり前二者をも含む根本の立場というわけです。

「元本宗源」とは「陰陽不測の元元、一念未生の本本、一気未分の元神、和光同塵の神化」と説明され、「万法純一の元初に帰し、一切利物の本基を開く」(『唯一神道名法要集』)ものであることを明かすものだと述べられます。説明すると、「元本宗源」とは、陰と陽などの相対的な現象が成立する以前、そして一念、一気などの現象やはたらきが生じる前の根元となるものであり、神として和光同塵するところの根本となるものだというのです。そして「元本宗源神道」とは、あらゆる物事がもと純一な根源的な最初のところに帰するのであり、その根元がすべてのものを利益するはたらきのもとになっている、ということを示すのです。つまり、兼倶は、諸現象の現れる「根源となるもの」が、「唯一なる神道」だ、と主張していると考えることができます。

また、兼倶のいう「神道」とは、「まつり」をめぐる理論のことではありません。「吾が神道は、万物に在りて一物にとどまらず。すべて吾が神明の所為にあらずということなきものなり」(『唯一神道名法要集』)というように、兼倶のいう「神道」は、万物にあるものであり、すべての存在が、兼倶のいう「神明」のはたらきである、とされるのです。また、「天に神道なければすなわち三光あることなく、亦四時もなし。地に神道なければすなわち五行あることなく、亦万物もなし。人に神道なければすなわち、一命あることなく、亦万法もなし。」(『唯一神道名法要集』)とあるように、天地の運行や万物の生成は「神道」によるものであり、人に「神道」がなければ生存できず、「神道」がなければ万物が存在できないというのです。つまり、兼倶によれば、人と天地万物を存在させているはたらきが「神道」だとされているのです。

なお、兼倶の有名な根本枝葉果実説という理論があります。それは儒教や仏教と並立する「神道」という理論について、仏教や儒教より深い教えだという主張だと誤解されがちです。しかし、兼倶にとっては、仏教、儒教と並立された体系としての「神道」ではなく、「神道」が万物を存在させているはたらきである、という了解から、他の諸事物と同様、儒教も仏教も「神道」という根本の「分化」だという主張なのです。

2．大元尊神

何故吉田家が「唯一神道」について述べるのか、という点で、兼倶は相承の次第について以下のように説明します。「一陰一陽不測の元」であるクニトコタチノミコトからアマテラスオホンカミ（兼倶の表記では天照太神）にまで相承され、アマテラスオホンカミから藤原氏の祖神であるアメノコヤネノミコトに授けられ、アメノコヤネノミコトをまつる吉田家に伝承されたというのです。ここで具象的な「かみ」や吉田家との関係付けが行われたわけです。

斎場所大元宮で実際に「かみ」への「まつり」が行われるとき、対象とされるのは「大元尊神」です。「大元尊神」とは諸神万物の根源ですが、兼倶の理論においてはクニトコタチノミコトでもあります。クニトコタチノミコトについては、第七章でも述べましたが、『書紀』の最初に登場する「かみ」です。それを兼倶は、「天地に先立つ」もので「常の神にあらず」「無相の相、無名の名」である「虚無大元尊神」だというのです。そして吉田家は、「大元尊神」という諸神諸物の根源をまつる神社であるがゆえに、諸社の長上に立つ重要な神社であるとされるのです。

3.「我即神」の「まつり」

兼倶の理論においてもう一つ注目すべき点は、人と「かみ」とのかかわりについての理論です。すでに指摘したように「すべて吾が神明の所為にあらずということなきものなり」と兼倶は述べていますが、さらに「天地の心も神也。諸仏の心も神也。鬼畜生の心も是神なり。草木之心も是れ神なり。いかにいわんや人倫においてをや。……一切の含霊は神にあらずということなし」と、あらゆるものの「心」が「かみ」であり、「霊」ある存在はすべて「かみ」だということを述べています。このことから、第七章で述べた伊勢の神官度会家行の話にも見えたように、人の「心」も「かみ」であるということが、万物万象の「心」とともに語られていることがわかります。

A：虚無大元尊神（クニトコタチノミコト、根源、無形無相）
　↓ 派生・化生　　→ 大元宮斎場所での「まつり」★
○○○○○○○○　：日本全国の大小諸神祇（かみがみ）

B：虚無大元尊神（クニトコタチノミコト、根源、一神・一心）
　↓ 派生・化生　　…… 我即神・神即我の「まつり」★
○○○○○○○○　：万物（含：人……己心）

図 10-3　兼倶の大元尊神

「心」とは何かというと、「心の根源は一神より起こり、国の宗廟は万州を照らす」（伝吉田兼直撰『神道大意』）「心は神明の舎、形は天地と同根」とされるように、「一心」は「一神」からおこり、我らの「心」は「神明」、つまり「かみ」の宿る場であるとされます。よって「天地一体、我即神、神即我、是を国常立尊といふ」「唯己心の神を祭るに過ぎたるはなし」というように、「かみ」の「まつり」においで対象になっている「かみ」と、「まつり」を行うものである人の内面の「心」は別物ではない、ということが主張されるのです。そしてこの「心」がまさにクニトコタチノミコトであるとされ、それをまつることになります。

この立場にたつ兼倶は、独自の「まつり」を行います。すでに名前だけ紹介した神道護摩行事というのは、根源の「かみ」である「大元尊神」と「我」が「我即神」であることを感得する「まつり」です。これは仏教の中の密教の修行ときわめて似たものであり、兼倶が密教からヒントを得たことは疑いありません。これが「我即神」の「まつり」です。このような主張が「かみ」への「まつり」を行う神職の中から出てきたということは、非常に画期的なことです。というのは、兼倶自身も述べているように、本来修行して人が「成仏」するということはあっても、「かみ」への「まつり」において人が神になる「成神」というものはなく、そのための方法である「修行」というものもなかったからです。つまり、人と「かみ」が何らかの手続きによって「合一する」ということはなかったのであり、その意味で従来は「かみ」と人は地続きではなかったのです。

ちなみに、前章で述べた人の「たま」を「みたま」としてまつる御霊信仰の場合でも、特異な死に方をした死者の「たま」が、「みたま」と呼びうるようなはたらきを持つ場合にのみ「御霊」というわば「かみ」と同格のまつられかたをするということでした。それが、この兼倶において、「我即神」の「まつり」を経て、ある意味で「我即神」が実践され、それによってある意味で人が「かみ」になれることになったのです。このことは、非常に特徴的なことだといえます。

この理論が登場したことの画期的影響を一つ、ご紹介します。それは「御霊」ではなく「英雄神」をまつるという儀礼の登場です。前節で紹介した御霊会は応仁の乱を境にほとんど行われなくなりますが、御霊会とは別の意味をもって、人を「かみ」として「まつる」ことがその後にも行われるようになります。豊臣秀吉を死後「かみ」としてまつった「豊国大明神」がそれで、この「まつり」を支え実行に移したのが吉田家です。吉田家の唯一神道の考え方によって、恨みを持って不遇の死を遂げたということではなくても、人の「みたま」を「かみ」として「まつる」ことができるようになったのです。その背景に「我即神」の理論があるわけです。なお、秀吉以降にまつられる英雄神としては徳川家康の「東照大権現」が有名です。これは天台宗の僧天海によって理論化されていますが、当初は吉田式でまつるという案もあったことからして、吉田家が秀吉をまつったことにならって行われたと想定できます。さらに、江戸期になると神道式の葬儀というものが成立し、明治期には一般家庭の祖先までもが「かみ」として神葬祭を行われるようになる起源はこの理論にあったと考えられるのです。

4 「心」になった「かみ」

以上本章では兼倶の理論を紹介しその思想的意義を紹介したわけですが、こうした理論は「かみ」にとってはいかなる意味を持つのでしょうか。「かみ」はこの理論から何を得て、どのように発展したのでしょうか。

兼倶は人のみではなく万物万象が「神道」によって生きているのであり、万物万象の「心」が「かみ」であるという提言をしました。つまり「かみ」は「心」になったといえるでしょう。そしてそれにより、「かみ」は、仏教や社寺縁起の理論、本地垂迹説や記紀神話のパンテオンなどをすべて離れて、直接人の「心」に住むようになりました。あえていえば、「かみ」は、現代的な意味での「信仰」の対象になったといえるかもしれません。というのは「かみ」への「まつり」を自分の「心」を対象として行うことができるようになったからです。

また、筆者は前章で従来の「かみ」は、人を含めた万物万象から隔絶した在り方をしていたが、御霊信仰の登場は、「かみ」にとって人の領域への拡張を意味したと述べました。そういう意味でいえば、兼倶の理論の登場は、「かみ」にとって人を含めた万物万象の「心」という領域に発展をしたといえると考えることができるのです。

「かみ」とは超人間的な力を持つ存在であるからこそ、人が畏怖し「まつる」対象

※記紀神話も本地垂迹も
「かみ」と仏のパンテオン　⇒人とは隔絶した世界の話である。

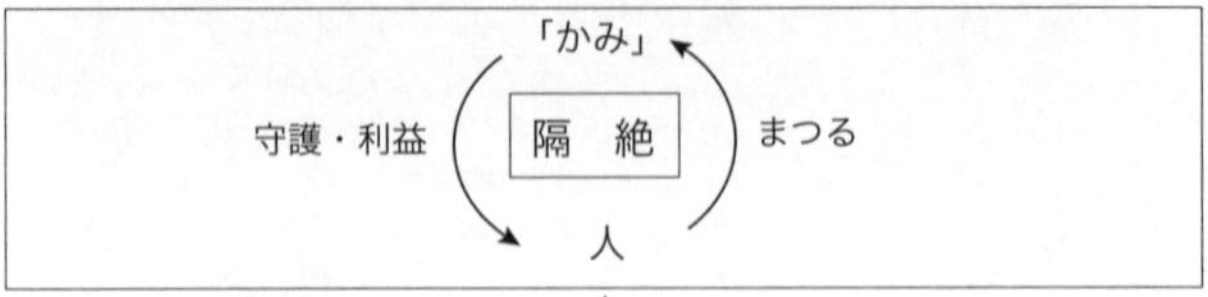

↓

【御霊会・御霊信仰】

特異な死に方をした、特殊な人の「たま」が大きな力を持てば…
⇒人の「たま」でも「かみ」としてまつることがある

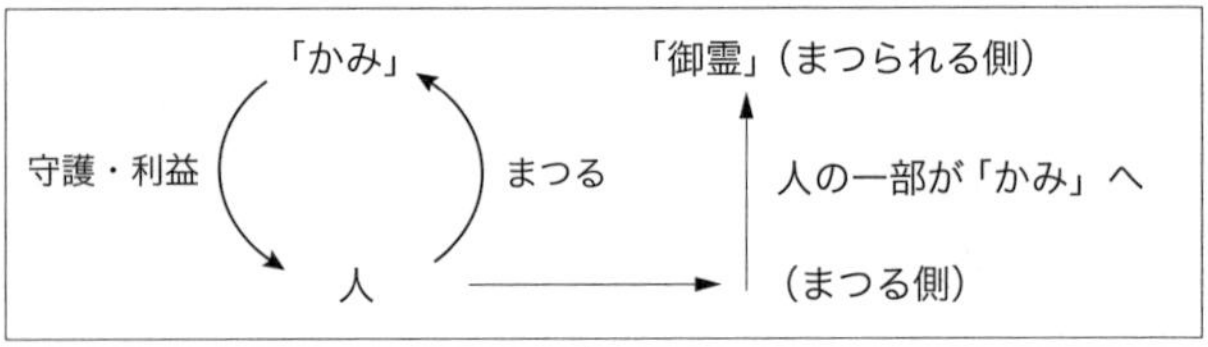

↓

【兼倶の唯一神道】

人もふくめ、万物万象の「心」が「かみ」である

・一神 ＝ 一心
・「我即神」のまつり／内清浄・外清浄の「行」
⇒「かみ」の世界のパンテオンを離れ
「かみ」は直接、人も含め万物万象の「心」に住むようになる

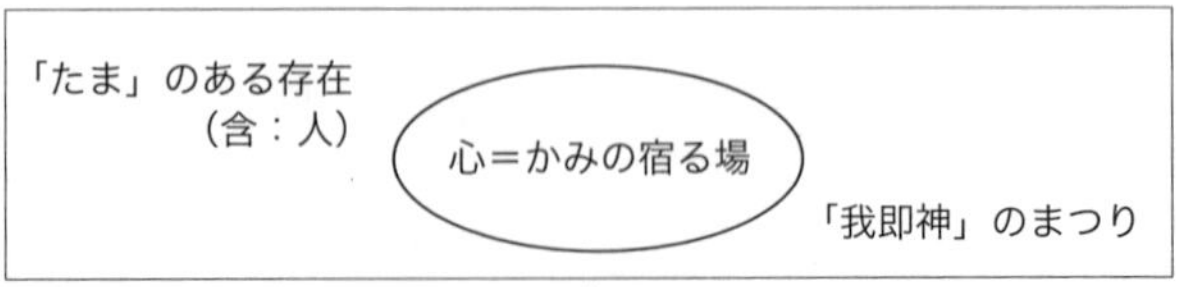

↓

・英雄神の「まつり」
人の一部だが、恨みを持って死んだ特殊な怨霊ではない、
人の「たま」を「かみ」としてまつる

↓

・一般人の祖先の「かみ」まつり（神葬祭）へ

図 10-4　「かみ」の「心」への発展

■■■ まとめと展望 ■■■

吉田兼倶は、従来の「かみ」に関する言説を体系化し「かみ」についてきわめて重大な言説を展開した人物です。本章では、兼倶の「斎場所大元宮」の設立、「神祇管領長上」の制定、神祇儀礼の整備、『唯一神道名法要集』をはじめとする神書の執筆という四つの業績と、元本宗源神道、大元尊神、「我即神」の「まつり」という三つの理論をご紹介しました。

その中でとくに注目すべきことは二つあります。一つは「大元尊神」をまつる「斎場」をつくり、宮中でのみまつられてきた「かみ」や伊勢の「かみ」を相対化したということです。これはすでに第八章で天皇の特権性が失われる理論が登場したことから予測されたことですが、兼倶とその後継者たちによって実際にそういう形の「まつり」が行われたということで、名実ともにそれが達成されたといえるからです。

もう一つは「かみ」と人の関係についてです。天皇の血統と「御霊」としてまつられるような特異な死霊は別として、もともと「かみ」と人は地続きのものではありませんでした。しかし兼倶の理論によって、人も含めたあらゆる存在が「神道」にもとづいていることが示されたのです。もちろん、人がそのままで「かみ」であるということが単純にいわれているわけではありません。「かみ」を「まつる」行為がやはり必要とされてはいるのですが、それにしても「我即神」が明言されたことは、「まつり」の仕方、「人」と「かみ」についての考え方などに影響を与える画期的出来事でした。

ところで、人が「かみ」だ、人の「心」が「かみ」だということになると、その後、人にとって「まつり」

の対象としての「かみ」が不要になるという方向も考えられます。その意味で、一見すると「心」との出会いは「かみ」にとっては発展ではなく衰退を意味するようにみえるかもしれません。しかし吉田の理論が登場した室町期以降も実際に「かみ」への「まつり」は失われていません。それどころか、江戸期には地元の氏神への参拝のみならず遠隔地への神社参拝がむしろ盛んに行われるようになり、さらに明治期以降は天皇を中心とする「まつり」も復活されたことは周知のとおりです。またその天皇を中心とする国家神道の「まつり」が第二次世界大戦後、厳しく糾弾されたにもかかわらず、現代もなお、神社や「まつり」が廃れていないことは皆さんの実感するところでしょう。つまり「心」という領域への拡張も「かみ」の発展の一つととらえることができると考えられるのです。

本書の「かみ」の発展のあとを追いかける旅は、本章でひとまず一段落とします。近世・近代・現代についての詳細は本書では紙幅の関係で述べられませんので続編に譲ります。少なくとも「かみ」にとっては、「我即神」の理論と出会ったことは、終着点ではなかったということを最後に確認して本章のまとめとします。

V　エピローグ

第十一章 「かみ」と出会った人――三社託宣と「かみもうで」

第三章から第十章まで、「かみ」が僧侶や神職の言説と出会い、さまざまに変容しつつ発展したということをみてきました。そして、兼倶の言説を契機として「かみ」は、万物万象の「心」となったと述べました。

そこで最後に本章では、そのような「心」である「かみ」に、人はどのように出会うのか、つまり「かみ」と「かみ」への「まつり」についての理解がどのように普及したのかを示してまとめたいと思います。

1 「かみ」のことばの伝播――和歌、縁起絵から三社託宣まで

「かみ」への「まつり」を主とする「かみ」と人のかかわりについては、本来「まつり」の仕方についての言説はあっても、仏教のような教説はありませんでした。しかし、「かみ」と仏の関係について和光同塵といわれるようになると、「かみ」とは、難解な仏教をわかりやすく教えてくれる庶民

教化の存在と考えられるようになります。そこで平安末期ごろには「かみ」の教え・託宣を和歌の形で伝える、住吉神や八幡神などの和歌が登場しました。

また、「かみ」の伝承について語る「社寺縁起」の内容を、一般向けに語る縁起の講釈なども始まります。そして「縁起絵」「縁起絵巻」などの絵画が鎌倉時代以降さかんにつくられるようになると、「絵解き」などで「かみ」や神社の由来、霊験《れいげん》や御利益について絵を通して説明されるようになります。こうした霊験譚や御利益譚が、神社に奉納される芝居である能などによっても、人々に知られるようになっていったのです。

託宣や和歌による「かみ」のことばの普及は、「かみ」を「心」に至らせた吉田神社においても行われます。数ある吉田神社の託宣の中でも室町中期に最も流行したのが三社託宣と呼ばれるもので、これは掛け軸の形になっており、床の間にかけて崇拝対象としました。また、この託宣は、アマテラスオオミカミと八幡大菩薩と、春日明神の三柱の「かみ」の託宣を三つ並べて一枚の紙に記載した形になっています。三柱の「かみ」の託宣の内容は以下のとおりです。

天照大神「謀計して眼前の利潤をなすといえども、必ず神明の罰当たる。正直は一端の依怙《えこ》に非ずといえども、終には日月の憐みを蒙る」、つまりアマテラスオオミカミは「正直」を重視するという意味の託宣です。アマテラスオオミカミは、古来天皇家の祖先神ということが強調されてきましたが、ここでは、その徳目として「正直」が示されています。アマテラスオオミカミは「正直」を大切にするというイメージが、こうした託宣を通じて中近世に普及したのです。

八幡大菩薩「鉄丸を食すといえども、心穢《きたな》き人のものを受けず。心汚の処に至らず」八幡大菩薩は、武家の守護神、源氏の氏神で応神天皇、神功皇后ですが、ここでは「清浄」の徳を大事にする「かみ」としてアピールされています。

春日明神「千日の注連《しめ》を曳くといえども邪見の家に至らず、重服深厚といえども慈悲の家に赴くべし」春日大社には武甕槌命《タケミカヅチノミコト》、経津主命《フツヌシノミコト》、天児屋根命《アメノコヤネノミコト》が一緒にまつられていますが、ここでは「慈悲」の徳目を重視する「かみ」という形でまとめられています。

この三社託宣で示されているのは、「かみ」への「まつり」というよりも、人が三つの徳目を守って生きることが「かみ」の「心」にかなうという教えです。ここにあげられた「正直」「清浄」「慈悲」について説明しますと、中世伊勢の神官も「正直」を大事にしますが、それは「かみ」をまつるときの決まった儀式を伝承どおりに行うという、「まつり」に関するプロ集団の正直《せいちょく》なる祈祷を意味していました。しかし吉田家の三社託宣の「正直」は、「私」がなく、各状況における是非善悪をあきらかに捕らえる「心」、その基準に即して行動する「心」を意味します。こうした「正直」が政道や対人関係などあらゆる状況における人間関係普遍の徳目として近世に普及します。たとえば「正直のあたまに神やどる」「心だに、まことの道にかなひなば、祈らずとても神やまもらん」などの「正直」という態度を重んじる格言としてひろく普及する考え方になります。

「清浄」が重視されるのも、もとはといえば「神を祭るの礼は清浄を以って先とし、真信をもって宗となす」と、伊勢の五書の一つである『宝基本記』にも書かれるように、「まつり」に際しての神官がとるべき基本的態度でした。ここでいう「清浄」も「己の分別をさしはさまない」という意味ですが、抽象的な話ではなく、「かみ」の要求によって定められ、長い間守られた儀礼をそのとおりに実行することというニュアンスが強くなっています。しかし、三社託宣の中では、人の「心」の在り方としての「清浄」、腹黒く汚い「心」の在り方に対立する「心」の「清浄」として述べられています。

「慈悲」は『神皇正統記』の三種の徳目にも出てきましたが、仏教の影響を受けた概念です。基本的には人の痛みを痛みとし、人に楽を与えるようにすることです。これも人の「心」の在り方として述べられています。

以上、「三社託宣」を中心に述べましたが、吉田神道によって「心」になった「かみ」は、人の「心」のあるべき徳目という形で、人々の間に普及していくのです。

2 遠隔地の神社に参拝するということ

第一章で述べたように、「かみ」は、地縁血縁の在地の「かみ」を鎮守、氏神、産土という形でまつるのが基本でした。しかし、遠隔地の神社に参拝するということも、かなり古い時代から行われていました。古来行われてきた遠隔地の神社への参拝を「かみもうで」といいます。そして、その発展したものでよく知られるものが、江戸期にブレイクする「伊勢参り」なのです。ここでは「かみもうで」の流行と「伊勢参り」のつながりについて紹介します。

遠隔地の神社への参拝である「かみもうで」は平安時代に始まりますが、「かみもうで」はこの時代の、社会的地位があり経済的に余裕のある人々、つまり皇族や貴族から始まります。たとえば、元慶四（八八〇）年に清和院、昌泰年間（八九八～九〇一）以降、宇多院が金峯山（吉野山）、高野山、熊野山、石山寺を参詣したことが知られています。そして十一世紀には、遠隔地の寺社への参詣が貴族の間で広く流行するようになります。その時期にとくに流行したのは「御嶽《みたけ》もうで」と呼ばれる「かみもうで」で、金峯山（御嶽）、すなわち地主神金精明神がまつられ、地中には黄金が埋蔵されているとされる金峯山への参拝です。金峯山では、平安初期には、金剛薩埵の変化身である金剛蔵王権現が登場して有名になります。またこの地は修験者が修行道場としたことでも知られています。さらに十世紀以降、弥勒《みろく》信仰がさかんになると、弥勒浄土とされ、弥勒菩薩が下生する聖地とされました。こうした聖地としての意味付けを前提として、病気平癒などの個人的祈願のために貴族・皇族が「御嶽もうで（金峯山へのかみもうで）」をしたのです。

平安末期から鎌倉初期に流行したのは「熊野もうで」です。院制期（一〇六八～一一九二）特に白河院から後鳥羽上皇までが盛んでした。当初は「山の熊野」（本宮）、「海の熊野」（新宮・那智）の二社を参拝するものでしたが、院制期はじめごろ那智を独立させて「熊野三所権現」となります。本宮は阿弥陀浄土、那智は観音浄土とされ、この地に参詣すると極楽浄土への往生を可能にするとされました。中世には「蟻の熊野もうで」とされるほど全国から参詣者が集まったとされています。

このように多数の参拝者を集める神社がどこであるかについては、ときどきの流行はありますが、居住地から離れた神社への参詣は、在地の鎮守や氏神に対する共同体の「まつり」、あるいは護国のための宮廷祭祀とは異なり、個人的祈願のために行われていたことが知られます。

図 11-1　熊野もうで

では伊勢神宮はどうでしょう。天武天皇（六三一〜六八六）が伊勢神宮に皇女を派遣して以来、伊勢神宮は天皇家の祖先神をまつる宮として存在し、天皇以外の奉幣《ほうへい》が禁じられ、皇后や皇太子でさえ勅許なしには幣帛《へいはく》（神前への供物）をささげることができませんでした。その意味で古代において伊勢神宮は「かみもうで」の対象にはなりませんでした。しかし院制期ごろからこの制度は緩んできます。というのは、すでに本論の中で紹介したように、律令制度の経済的基盤を失った中世には、神社は荘園の寄進なしには経営が成り立たない状況になっていました。そこで個人祈願を受けるようになり、「かみもうで」としての伊勢参宮が始まります。のみならず文治二（一一八六）年以降には重源、東大寺衆徒など僧侶の参宮が盛んになります。そして鎌倉時代になると個人祈願のための伊勢参宮が急増しました。これは文永・弘安の役（一二七四、一二八一年）の際の祈願で神風を吹かせたと喧伝された伊勢神宮の御利益を期待したからと考えられるのです。

個人祈願とはいえ、庶民層が伊勢参宮を果たせるようになるのは中世後期から末期に至ってからです。これは農民が比較的自立度を高め惣村を形成するようになったことと、経済的に成長した商人が登場したことが理由に考えられます。惣村では中央から鎮守を勧請して、宮座、講などの組織を結成し、共同体の結束のための「かみ」への「まつり」や遠隔地への参詣のための積立貯金の制度などを整備するようになります。こうした動きに対応して、伊勢神宮をはじめとする諸国の有力な神社が「御師《おんし》」、「先達《せんだつ》」と呼ばれる下級神職を各地に派遣するようになります。御師たちは、自社の祭神の御利益を説き、参詣ツアーを先導するようになります。こうした御師たちの動きが、人々の遠隔地への神社参詣を活性化したことは疑いないでしょう。江戸時代に伊勢参宮が大ブレイクしたことは、よく知られていることですが、その背景には、前時代までのこうした諸社や人々の動きがあったのです。

遠隔地への「かみもうで」が古来存在したことと、諸社の下級神職の活動などによって人々の遠隔地への「かみもうで」が一般化していったということを述べてきました。そして、遠隔地への「かみもうで」は基本的に共同体の氏神、鎮守への「まつり」とは異なって個人的祈願をもとめるものであったということも示しました。つまり、現代にもつながる個人祈願のための神社参詣の形は、このように平安の昔より存在し、次第に広まっていったものなのです。

■■■ まとめ ■■■

本章では、第三章から第十章で紹介したように変容発展し、ついに「心」になった「かみ」に、人はどのように出会うのかということについて、吉田家の三社託宣と遠隔地への「かみもうで」の二つの側面からみてきました。

第一に、和歌・託宣による「かみ」のことばの伝播という平安時代以来の伝統を受けて、吉田家によってつくられた三社託宣を紹介しました。一般に広く普及したこの託宣では「かみ」が氏神や鎮守という血縁や地縁、記紀の神話による政治的色を離れて「徳目」を代表する存在になっていることがわかります。そしてその「心」を「かみ」として人が生きるという了解が、中世後半から近世へと広まっていくのです。

第二に、遠隔地の神社への「かみもうで」について述べました。遠隔地へのかみもうでは、古代においては身分的経済的背景によって天皇や貴族など一部の人々しか行うことはできませんでしたが、共同体の「かみ」への「まつり」ではなく、個人的祈願を達成するために始まったということを述べました。そしてそれが庶民に広まっていくのは、中世末期から近世のことであり、江戸時代の伊勢参宮の流行もこの流れにあるということを紹介しました。そして、庶民の「かみもうで」が江戸時代に一般化する背景には、社会的経済的状況の変化や神社側からのはたらきかけがあったことを示しました。

ただ、ここで付け加えるならば、個人的祈願を目的とする「かみもうで」が中世末期から近世に広まる前提には、「かみ」が「心」になるという吉田家の理論があったことも重要な要素であると考えられます。というのは、本来、「かみ」は鎮守、氏神、産土という地縁、血縁の存在を加護する形が基本でした。その意味では遠隔地の、いわば縁もゆかりもない「かみ」に祈願することは筋の通らないことです。しかし、多くの人々が、個人の祈願のために、地縁血縁の「かみ」とは別の遠隔地の「かみ」を、そのご利益にしたがって選んで参拝するようになったのが、遠隔地の神社への「かみもうで」という現象です。これが積極的に行われるようになったのは、日本中のどの「かみ」も根源は一つであり、しかもわれわれ一人一人の「心」とつながっている、と吉田の理論による説明がすでに存在していたからだと考えることができるのではないでしょうか。

おわりに

第一章で、形なく、あらゆるものに備わる生命力であり、超人的な力を持った畏怖すべき存在と説明した日本の「かみ」、第二章で述べたような「かみ」への「まつり」を基本として人とかかわる「かみ」が、変容しつつ発展するさまを第三章から第十章までみてきました。

大いなる自然のはたらきに対する古代人の畏怖の対象であった「かみ」が、地域の支配氏族の氏神と同一視されるようになり、さらにローカルであった「かみ」が律令制度の記紀神話に出会って組織されることで、アマテラスオオミカミを中心として政治的色が付きました。また、仏教と出会った「かみ」は、当初「苦しむ衆生」でしたが、「修行者」になり本地垂迹の理論によって「仏」にまで発展しました。他方、中世伊勢の神職の言説によって「かみ」は、アマテラスオオミカミや記紀神話のパンテオンを乗り越えて、根源神へと発展します。のみならず、御霊信仰や度会家行の言説によって人と出会い、「心」と出会うのです。また、天皇の正統性を主張した外宮系統の言説は、むしろ天皇や『日本書紀』から「かみ」を解放し、ついに吉田兼俱の理論によって、天地万物の「心」に達したのでした。

誤解のないように蛇足を申し上げれば、「かみ」が「心」であると申し上げるときに、その「こころ」とは現代人の想定しがちな「自分の気持ち」「自我」「自分の考え」というものとは異なります。というのも、「まつり」について重視される「正直」というのは、「私心のないこと」などとも説明されるように、その「心」は特定個人に限定されるものではなく、「私」を離れた天地万物の「心」でもあるからです。

「心」である「かみ」と出会った人は、「心」の「かみ」である正直、清浄、慈悲という徳目とともに生きようとします。また、地域や共同体の「かみ」をまつるとともに、個人の祈りをかなえるために遠隔地の神社へも参詣を続けます。今この本を読んでいる読者の皆さんも「かみ」である「心」を持っているのですから、「心」である「かみ」を「まつる」という気持ちで日々くらし、神社参拝をすることもできるのではないでしょうか。

「かみ」の「まつり」は、たしかにある意味で「困ったときのかみだのみ」で良いのですけれども、「かみ」は正義のヒーローのように、いつでも人間に都合のいい存在というわけではありません。自らの「心」を「かみ」とすることから「かみ」への「まつり」が始まるのです。「心」あるときに「かみ」あり。「心」なければ「かみ」なし。これが本書のたどりついた一つの答えです。

しかし、最初に申し上げたように、「かみ」の発展はここにとどまりません。近世、近代、そして現代にも発展を加え、未来に向かってさらに変容発展していくものと考えられます。

二十一世紀の現在、パソコン神社まで出現し「かみ」はコンピュータの世界にまで進出しています。たぶん今ごろはエコやグローバリズムなどを学んでいるかもしれません。

近世から現代への発展については、本書の続編を企画しておりますのでそちらに譲ります。ただ、本書では、「かみ」が変容発展するという見方で、のちに「神道」とひとくくりにされてしまう茫漠とした言説の集積に一つの道筋をつけてみました。皆さまのご理解のお役に立つことを切に祈ります。

本書の最終校正原稿が到着した日、東北関東大震災が発生しました。大いなる自然―荒ぶる「かみ」の脅威の前になすすべのない人間の小ささ、被災地の方々艱難に、胸ふさがる思いです。しかし、危機に際してあらわになった人々のありさまは、更に悲しいものでした。停電の影響や電車不通になるとのうわさの中、われがちに人をおしのけ、電車に身を押し込む人々、自分だけの利益のために食品やガソリンの買い占めに走る人々……。人が他人を、隣人を尊重するということが、人の心にある「かみ」を尊重するということだと私は思います。このような時であるからこそ、人を尊重し、みなで助け合い、心の「かみ」を「まつる」という私たちの生き方を思い出してほしいと心から願っています。

加藤みち子

＊参考文献・推薦図書一覧

〈第一章、第二章〉
安蘇谷正彦『神道とは何か』ぺりかん社、一九九四年
伊藤聡ほか『神道』(日本史小百科)、東京堂出版、二〇〇二年
井上順孝編『神道――日本生まれの宗教システム』新曜社、一九九八年
大場磐雄『まつり――考古学から探る日本古代の祭』新装版、学生社、一九九六年
鎌田東二『神道用語の基礎知識』角川書店、一九九九年
菅野覚明『神道の逆襲』講談社(講談社現代新書)、二〇〇一年
國學院大學日本文化研究所編『神道事典』、弘文堂、一九九四年
谷川健一編『日本の神々――神社と聖地』全十三巻、白水社、一九八四―一九八七年
吉田敦彦『日本の神話』新装版、青土社、二〇〇二年
和田萃『日本古代の儀礼と祭祀、信仰』上・中・下、塙書房、一九九五年

〈第三章〉
久保田収『中世神道の研究』神道史学会、一九五九年
村山修一『本地垂迹』吉川弘文館、一九七四年

同『習合思想史論考』塙書房、一九八七年
同『変貌する神と仏たち――日本人の習合思想』人文書院、一九九〇年
山折哲雄『神と翁の民俗学』講談社（講談社学術文庫）、一九九一年
義江彰夫『神仏習合』岩波書店（岩波新書）、一九九六年

〈第四章〉

飯沼賢司『八幡神とは何か』角川書店（角川選書）二〇〇四年
高取正男『民間信仰史の研究』法蔵館、一九八二年
中野幡能『八幡信仰』塙書房（塙新書）、一九八五年
西田正好『神と仏の対話――神仏習合の精神史』工作社、一九九二年

〈第五章〉

菅原信海『山王神道の研究』春秋社、一九九二年
田嶋一夫、国文学研究資料館『中世文学と山王神道関係資料の係わりに関する基礎的研究――山王縁起を中心に』一九八六年
『耀天記』（石田一郎編『日本の思想14　神道思想集』筑摩書房、一九七〇年所収）

〈第六章、第七章〉
安蘇谷正彦『神道思想の形成』ぺりかん社、一九八五年
小笠原春夫『神道信仰の系譜』ぺりかん社、一九八〇年
高橋美由紀『伊勢神道の成立と展開』増補版、ぺりかん社、二〇一〇年
福田晃『神話の中世』三弥井書店、一九九七年
「倭姫命世記」（日本思想大系19『中世神道論』岩波書店、一九七七年所収）
「宝基本記」（石田一良編『神道思想集』筑摩書房、一九七〇年所収）
「類聚神祇本源」（抄）（日本思想体系19『中世神道論』、岩波書店、一九七七年所収）

〈第八章〉
岩佐正校注、北畠親房『神皇正統記』岩波書店（岩波文庫）、一九七五年
永原慶二編『慈円・北畠親房』（中公バックス『日本の名著9』）、中央公論社、一九八三年
鍛代敏雄『神国論の系譜』法蔵館、二〇〇六年
佐藤弘夫『神国日本』筑摩書房（ちくま新書）、二〇〇六年

〈第九章〉
柴田実編『御霊信仰』雄山閣出版、一九八四年
谷川健一『魔の系譜』講談社（講談社学術文庫）、一九八四年

村山修一編『天神信仰』雄山閣出版、一九八三年
山折哲雄『日本人の霊魂観』新装版、河出書房新社、一九九四年

〈第十章〉

出村勝明『吉田神道の基礎的研究』神道史学会、一九九七年
萩原龍夫『中世祭祀組織の研究　増補版』吉川弘文館、一九七五年
『神道大系　卜部神道（上）（下）』神道大系編纂会、一九八五年
「唯一神道名法要集」（日本思想大系19『中世神道論』岩波書店、一九七七年所収）

〈第十一章〉

河野省三『三社託宣の信仰』日本文化協会出版部、一九三五年
五来重『熊野詣』講談社（講談社学術文庫）、二〇〇四年
新城常三『新稿社寺参詣の社会経済史的研究』塙書房、一九八二年
萩原龍夫編『伊勢信仰Ⅰ』雄山閣出版、一九八五年
西垣晴次編『伊勢信仰Ⅱ』同、一九八四年
宮田登『江戸の流行神』筑摩書房（ちくま学芸文庫）、一九九三年
村山修一『修験の世界』人文書院、一九九二年

〈執筆者紹介〉

加藤 みち子（かとう　みちこ）

千葉県出身。学習院大学文学部哲学科卒業。学習院大学大学院人文科学研究科博士後期課程哲学専攻修了（1998年）。博士（哲学、2008年）。
現在、財団法人東方研究会研究員。学習院大学、学習院女子大学、東京経済大学他講師。
専攻：日本思想（仏教・神道）、日本宗教文化史。
主要業績：
・『勇猛精進の聖――鈴木正三の仏教思想』勉誠出版、2010年
・『中世絵画のマトリックス』（共著）、青簡舎、2010年
・『伝統と革新――日本思想史の探究』（共著）、ぺりかん社、2004年
・Suzuki Shosan（1579-1655）：Method of Buddhist Practice Based on *Ki*（機）『人文』6号、2007年
・「江戸時代初期の神道思想をみる一視点」『哲学会誌』第30号、2006年、学術文献刊行会編『日本史学年次別論文集近世2――2006』朋文出版、2010年に再録
・「円爾禅の再検討――「禅」と「仏心宗」概念の分析を通して」『季刊日本思想史』68号、2006年
・「『吾妻鏡』にみる「道理」をめぐって」『季刊　日本思想史』第58号、2001年
・「一七世紀仏教者における「世法」と「仏法」――浅井了意の場合」『学習院大学文学部研究年報』第47輯、2000年

「かみ」は出会って発展する――神道ではない日本の「かみ」史・古代中世編

2011年4月25日　初版第1刷発行
2021年2月25日　初版第4刷発行

著　者　加藤みち子
発行者　木村慎也

・定価はカバーに表示　　印刷　新灯印刷／製本　川島製本所

発行所　株式会社　北樹出版

http://www.hokuju.jp
〒153-0061　東京都目黒区中目黒1-2-6
TEL：03-3715-1525（代表）　FAX：03-5720-1488

ISBN　978-4-7793-0289-3